W0039933

Dale Carnegie

Freu dich des Lebens!

Aus dem Amerikanischen von
Ursula Gail und Hedi Hänseler

BASTEI-LÜBBE-TASCHENBUCH
Band 25201

Titel der Originalausgabe:
»How to Enjoy Your Life and Your Job«
Copyright © 1970, 1985 by Dorothy Carnegie and Donna Dale Carnegie
Lizenzausgabe mit Genehmigung des Scherz Verlag, Bern und
München im Gustav Lübbe Verlag GmbH, Bergisch Gladbach
Alle deutschsprachigen Rechte im Scherz Verlag, Bern und München
Printed in Germany, Januar 1993
Umschlaggestaltung: K.K.K.
Titelabbildung: ZEFA
Satz: Schriftbildübernahme Scherz Verlag
Druck und Bindung: Ebner Ulm
ISBN 3-404-25201-2

Inhalt

Vorwort   9

*Sieben Möglichkeiten zur Entwicklung einer geistigen
Haltung, die Ihnen Glück und Frieden gibt*   11

Auszüge aus dem Buch »Sorge dich nicht – lebe!«

1. Finden Sie zu sich selbst und stehen Sie zu sich
   selbst; denn: Kein anderer Mensch auf der
   Erde ist so wie Sie   13

2. Vier gute Arbeitsgewohnheiten gegen Müdigkeit und Sorgen   23

3. Was Sie müde macht – und was Sie dagegen
   unternehmen können   30

4. Wie man die Langeweile vertreibt, die Müdigkeit, Sorgen und Unzufriedenheit verursacht   37

5. Würden Sie für eine Million Dollar hergeben,
   was Sie haben?   48

6. Vergessen Sie nicht: Einen toten Hund tritt
   man nie   57

7. Befolgen Sie diesen Rat – und Kritik kann Sie nicht mehr treffen ... 62

Zusammenfassung der Regeln aus »Sorge dich nicht – lebe!« ... 68

Vierzehn Grundregeln für den Umgang mit Menschen ... 71

Auszüge aus dem Buch »Wie man Freunde gewinnt«

1. Wer den Honig will, muß der Biene Sumsum leiden ... 73

2. Die hohe Kunst, Menschen richtig zu behandeln ... 90

3. Man muß den Fisch mit einem Köder locken, der ihm schmeckt ... 105

4. Wer sich für andere interessiert, ist überall willkommen ... 125

5. Wie man sich im Handumdrehen beliebt macht ... 141

Wie man Menschen überzeugt

6. Wie man sich Feinde schafft – und wie man es vermeidet ... 157

7. Der Weg zur Vernunft führt über das Herz ... 171

8. Das Geheimnis des Sokrates ... 182

9. Wie man die Mitarbeit der anderen gewinnt ... 189

10. Der Appell an das »bessere Ich« ... 196

Wie man Menschen ändert, ohne sie zu beleidigen
oder zu verstimmen

11. Man kann auch kritisieren, ohne sich unbeliebt
    zu machen   204

12. Sprechen Sie zuerst von Ihren eigenen Fehlern   209

13. Niemand läßt sich gerne befehlen   212

14. Keiner möchte das Gesicht verlieren   215

Zusammenfassung der Regeln aus
»Wie man Freunde gewinnt«   220

Vorwort

Haben Sie sich je überlegt, daß wir den größten Teil des Lebens mit Arbeiten verbringen – wie auch immer diese Arbeit beschaffen sein mag?

Das bedeutet, daß unsere Einstellung gegenüber der Arbeit bestimmt, ob unsere Tage getragen werden von freudiger Erwartung und dem Gefühl des Ausgefülltseins, das gute Leistungen mit sich bringt, oder von Frustration, Langeweile und Müdigkeit.

Dale Carnegies Ratschläge sollen Ihnen helfen, das Beste aus Ihrem Arbeitstag zu machen, d. h. Befriedigung in Ihrer Arbeit zu finden, indem Sie das Beste aus sich herausholen.

Überprüfen Sie Ihr eigenes Verhältnis zum Leben im allgemeinen und zu ihren Mitmenschen, während Sie die folgenden Seiten lesen.

Besinnen Sie sich auf Ihre eigenen Stärken und stellen Sie fest, wie viele Talente und Fähigkeiten Sie besitzen, von denen Sie keine Ahnung hatten, und wie herrlich es ist, sie richtig einzusetzen.

Dieses Buch ist eine Sammlung von ausgewählten Kapiteln aus Dale Carnegies beiden Welterfolgen »Sorge dich nicht – lebe!« und »Wie man Freunde gewinnt«. Wir haben jene Abschnitte aus beiden Büchern ausgewählt, die am meisten Relevanz haben für Leute wie Sie. Suchen

Sie mehr Freude und Erfüllung in Ihrem Leben, wollen Sie sicher sein, Ihre besonderen Fähigkeiten sinnvoll und erfolgreich einzusetzen – dieses Buch kann Ihnen helfen, diese Ziele zu erreichen.

Dorothy Carnegie

Sieben Möglichkeiten zur
Entwicklung einer geistigen
Haltung, die Ihnen Glück
und Frieden gibt

Auszüge aus
»Sorge dich nicht – lebe!«

Dale Carnegie schrieb sein Buch »Sorge dich nicht – lebe!«, um zu zeigen, daß das Leben das ist, was wir aus ihm machen. Wenn wir lernen, uns selbst zu akzeptieren, das Gute so klar zu sehen wie das weniger Gute, und dann all die nötigen Dinge in Angriff nehmen, um unsere Ideen zu verwirklichen, werden wir weniger Zeit und Energie mit Sorgen verlieren.

1. Finden Sie zu sich selbst und stehen Sie zu sich selbst, denn: Kein anderer Mensch auf der Erde ist so wie Sie!

Edith Allred aus Mount Airy in North Carolina schreibt in einem Brief: »Als Kind war ich äußerst scheu und sensibel. Außerdem hatte ich zuviel Gewicht, und meine Backen ließen mich noch dicker aussehen, als ich in Wirklichkeit war. Meine altmodische Mutter hielt nichts von Kleidern, die hübsch machten. Sie pflegte zu sagen: ›Weit hält, eng zerreißt.‹ Und entsprechend zog sie mich an. Ich ging nie zu Partys, nie konnte ich lustig sein, und in der Schule spielte ich nicht mit den andern im Hof und turnte auch nicht. Ich war entsetzlich scheu. Ich hatte das Gefühl, anders zu sein als die andern. Kein Mensch mochte mich.

Als ich erwachsen war, heiratete ich einen ein paar Jahre älteren Mann, doch ich änderte mich nicht. Meine angeheirateten Verwandten waren selbstsichere und ausgeglichene Menschen, genau das, was ich in keiner Weise war. Ich bemühte mich sehr, so zu sein wie sie, doch es gelang mir nicht. Alle Versuche von ihnen, mich aus meinem Schneckenhaus zu locken, schlugen nur ins Gegenteil um. Ich wurde nervös und gereizt. Ich mied meine Freunde. Es wurde so schlimm, daß ich schon allein vor dem Klingeln der Türglocke Angst hatte. Ich war ein Versager. Ich wußte es, und ich machte mir Sorgen, mein Mann würde es merken. Wenn wir mit andern Leuten zusammen waren, spielte ich deshalb die Fröhliche und übertrieb natürlich. Hinterher war ich tagelang unglücklich. Schließlich wurde es so schlimm, daß es mir sinnlos erschien, noch länger weiterzuleben. Ich dachte immer häufiger an Selbstmord.«

Was brachte den Umschwung in das Leben der unglücklichen Frau? Es war nur eine beiläufige Bemerkung.

»Eine beiläufige Bemerkung verwandelte mein ganzes Leben«, schrieb Edith Allred weiter. »Meine Schwiegermutter erzählte einmal, wie sie ihre Kinder erzogen habe, und sagte unter anderem: ›Ganz gleich, was passierte, ich bestand immer darauf, daß sie sich selbst treu blieben . . .‹ – ›Sich treu bleiben!‹ Mir fiel es wie Schuppen von den Augen. Blitzartig erkannte ich, daß an meinem ganzen Elend meine Versuche schuld waren, mich in eine Form zu pressen, in die ich nicht hineinpaßte.

Ich veränderte mich von einem Tag auf den andern. Ich fing an, ich selbst zu sein. Ich versuchte, meine eigene Persönlichkeit zu erforschen, herauszufinden, *was ich war,* meine Stärken und Schwächen zu entdecken. Ich las alles mögliche über Farben und Mode und zog nur das an, was mir meiner Meinung nach stand. Ich bemühte mich, Freunde zu finden, und trat einer Organisation bei, zuerst war es nur eine kleine. Wenn man mich bat, zu irgendeinem Thema etwas zu sagen, war ich am Anfang vor Schreck wie erstarrt. Trotzdem äußerte ich mich jedesmal, und mein Mut wuchs. Es dauerte alles sehr lange – aber heute bin ich so glücklich, wie ich es nicht einmal im Traum zu hoffen gewagt hätte. Meine Kinder habe ich nach derselben Devise erzogen, deren Bedeutung ich erst nach bitteren Erfahrungen erkannte: *Gleichgültig, was geschieht – bleib immer du selbst!«*

Sich zu sich selbst bekennen zu können, ist ein Problem »so alt wie die Menschheit«, sagte Dr. James Gordon Gilkey, »und so komplex wie das menschliche Leben selbst«. Es ist auch das versteckte Motiv vieler Neurosen und Psychosen und Komplexe. Angelo Patri hat dreizehn Bücher und Tausende von Zeitungsartikeln über das Thema Kindererziehung geschrieben, und er sagt: »Niemand ist so unglücklich wie derjenige, der etwas anderes oder jemand anders sein möchte als die Person, die er seinem Körper und seinem Geist nach ist.«

Diese Sehnsucht, jemand anders zu sein, nimmt vor allem in Hollywood immer mehr zu. Sam Wood, einer der bekanntesten Filmregisseure, erklärte, das größte Kopfzerbrechen machten ihm in dieser Beziehung junge, ehrgeizige Schauspieler. Und natürlich auch Schauspielerinnen. Sie wollten alle zweitklassige Lana Turners oder drittklassige Clark Gables sein. »Das Publikum kennt doch deren Art schon ganz genau«, erzählt er ihnen immer wieder, »jetzt wollen die Leute was Neues!«

Ehe er Filme machte, wie zum Beispiel *Goodbye, Mr. Chips* oder *Wem die Stunde schlägt,* arbeitete Wood jahrelang als Makler, vor allem in der Verkaufsschulung. Er behauptete, daß in der Welt des Films dieselben Gesetze gelten wie im Geschäftsleben. Mit Imitationen kommt man nicht weit. Man kann kein Papagei sein. »Die Erfahrung hat mich gelehrt«, sagt Sam Wood, »daß es das klügste ist, Leute, die nicht echt sind, möglichst schnell abzuschieben.«

Ich fragte Paul Boynton, damals Personalchef einer der größten Ölfirmen, was für Fehler Stellenbewerber hauptsächlich machen. Schließlich mußte er es wissen: Er hatte mit mehr als 60 000 gesprochen! Er schrieb auch ein Buch über das Thema. Es heißt: *Sechs Methoden, einen Job zu finden.* Er antwortete mir: »Den größten Fehler, den die Leute machen, wenn sie sich bei mir um einen Job bewerben – sie stehen nicht zu sich selbst. Statt natürlich und offen zu sein, versuchen sie oft, die Antworten zu geben, von denen sie glauben, daß ich sie hören möchte.« Doch es nützt nichts, denn niemand will mit so einem falschen Kunden etwas zu tun haben. Falschgeld wird nirgends geschätzt.

Die Tochter eines Straßenbahnschaffners mußte sich erst die Finger verbrennen, ehe sie dies einsah. Sie wollte unbedingt Sängerin werden, aber sie war über ihr Aussehen unglücklich. Sie hatte einen großen Mund und vorstehende Zähne. Beim ersten öffentlichen Auftritt in einem Nachtklub versuchte sie, die Zähne mit der Oberlippe zu verdecken. Sie wollte schön und bezaubernd aussehen. Und das Ergebnis? Sie wirkte komisch, ihr Auftritt war ein Fiasko.

Aber in diesem Nachtklub saß auch ein Mann, der fand, daß sie Talent habe. »Hören Sie«, sagte er – er nahm kein Blatt vor den Mund –, »ich habe Sie bei Ihrem Auftritt beobachtet. Ich weiß, was Sie vertuschen wollen. Sie genieren sich wegen Ihrer Zähne!« Das Mädchen wurde verlegen. »Warum eigentlich«, redete der Mann weiter. »Ist es denn ein großes Verbrechen, vorstehende Zähne zu haben? Versuchen Sie nicht, sie zu verstecken! Machen Sie den Mund richtig auf, und das Publikum wird Sie lieben, wenn es merkt, daß Sie sich nicht schämen. Außerdem«, fügte er listig hinzu, »haben Sie vielleicht gerade wegen dieser Zähne Erfolg.«

Cass Daley befolgte seinen Rat und dachte nicht mehr an ihre Zähne. Sie dachte von da an nur noch an ihr Publikum. Sie öffnete weit ihren Mund und sang mit solcher Freude und Begeisterung, daß sie ein großer Star wurde, beim Film und im Rundfunk. Andere Sängerinnen versuchten sogar, *sie* nachzuahmen!

William James hielt einmal einen Vortrag über Menschen, die nie zu sich selbst gefunden hatten, und sagte dabei, daß der Durchschnittsmensch nur zehn Prozent seiner vorhandenen geistigen Möglichkeiten ausschöpft. »Verglichen mit dem, was wir sein könnten«, meinte er,

»sind wir nur halb wach. Wir verwenden nur einen kleinen Teil unserer körperlichen und geistigen Gaben. Im allgemeinen lebt also der Mensch weit unterhalb seiner Grenzen. Dabei besitzt er die verschiedenartigsten Kräfte, die er aber gewöhnlich nicht nützt.«

Sie und ich, wir haben alle solche Kräfte, und deshalb wollen wir keine Sekunde mehr damit verschwenden, uns Sorgen zu machen, denn wir sind nicht wie andere Leute. Sie sind auf dieser Welt etwas völlig Neues! Nie zuvor, nicht seit Anbeginn aller Zeiten, hat es jemand gegeben, der genauso war wie Sie. Und auch in allen kommenden Zeitaltern wird niemand leben, der Ihnen aufs Haar gleicht. Die Wissenschaft von der Vererbung sagt uns, daß wir das, was wir sind, zum größten Teil den 24 Chromosomen zu verdanken haben, die unser Vater beigesteuert hat, und den 24, die unsere Mutter dazugab. Diese 48 Chromosomen enthalten alles, was unsere Erbanlagen bestimmt. In jedem Chromosom, so sagt Amram Scheinfeld, »können Mengen von Genen sein, Hunderte – und schon eines genügt in manchen Fällen, das ganze Leben eines Menschen zu verändern«. Wirklich, wir sind ›schrecklich und wunderbar‹ gemacht.

Und nachdem sich Ihre Mutter und Ihr Vater begegneten und vereinigten, standen die Chancen eins zu dreihunderttausend Milliarden, daß die Person, die Sie sind, geboren wurde. Mit anderen Worten, wenn Sie dreihunderttausend Milliarden Geschwister hätten, könnten die alle verschieden von Ihnen sein. Ob das nur eine Ausnahme ist? Nein. Es ist wissenschaftlich erwiesen. Wenn Sie mehr darüber wissen möchten, lesen Sie *Du und die Vererbung* von Amram Scheinfeld.

Zu sich selbst stehen – über dieses Thema kann ich besonders glaubwürdig sprechen, weil ich mich auch sehr betroffen fühle. Ich weiß, wovon ich rede! Ich weiß es aus bitterer und teuer bezahlter Erfahrung. Das möchte ich Ihnen näher erklären. Als ich frisch von den Maisfeldern Missouris in New York ankam, schrieb ich mich an der American Academy of Dramatic Arts ein. Ich wollte Schauspieler werden. Außerdem hatte ich einen Einfall, den ich für unerhört großartig hielt, sozusagen ein Schnellverfahren, um berühmt zu werden, eine Idee, die so einfach und todsicher war, daß ich nicht begreifen konnte, wieso die vielen Tausende von ehrgeizigen Menschen sie noch nicht entdeckt hatten. Es handelte sich um folgendes: Ich wollte herausfinden, worauf der Erfolg der berühmten Schauspieler jener Zeit wie John Drew, Walter Hampden oder Otis Skinner beruhte. Dann würde ich die Glanzpunkte ihres Könnens nehmen und in mir zu strahlender, triumphaler Schauspielkunst vereinen. Wie dumm! Wie verrückt! Ich sollte Jahre meines Lebens mit der Nachahmung anderer Leute vergeuden, ehe es mir in meinem missourischen Dickschädel dämmerte, daß ich ich selbst sein mußte und nicht gut jemand anders sein konnte.

Diese trübe Erfahrung hätte mir eine unvergeßliche Lehre sein müssen, doch leider war sie es nicht. Ich war zu dumm. Ich hatte noch eine zweite Lektion nötig. Einige Jahre später wollte ich ein Buch über freie Rede schreiben, für Geschäftsleute, das Beste, das je zu diesem Thema erschienen war. Dabei hatte ich wieder einen ähnlich verrückten Einfall wie damals, als ich Schauspieler werden wollte: Ich würde mir die besten Gedanken einer Menge anderer Autoren *leihen* und sie in meinem Buch vereinen, das dann auf diese Weise von allem das Beste enthielt. Ich besorgte mir also eine Menge Bücher über das Gebiet und verbrachte ein Jahr damit, Gedanken daraus meinem Manuskript einzuverleiben. Schließlich dämmerte es mir aber doch, was für ein Idiot ich war. Dieser Mischmasch fremder Gedanken, den ich zusammengeschrieben hatte, war so künstlich, so langweilig, daß kein Geschäftsmann sich damit abplagen würde. Ich warf die Arbeit eines ganzen Jahres in den Papierkorb und fing von vorne an. Diesmal sagte ich zu mir: »Es bleibt dir nichts übrig, als Dale Carnegie zu sein, mit all seinen Fehlern und Grenzen. Du kannst nicht gut jemand anders sein!« Also hörte ich auf, eine Mischung aus anderen Leuten sein zu wollen, krempelte die Ärmel auf und tat, was ich von Anfang an hätte tun sollen: Ich schrieb ein Lehrbuch über freie Rede aufgrund meiner eigenen Erfahrungen, Beobachtungen und Überzeugungen als Redner und als Lehrer. Ich lernte die Lektion – hoffentlich für immer –, die auch Sir Walter Raleigh lernte. (Ich meine nicht den Sir Walter Raleigh, der seinen Mantel vor der Königin ausbreitete, damit sie nicht in den Schmutz treten und sich die Schuhe dreckig machen mußte. Ich spreche von dem Professor für englische Literatur, der in Oxford lehrte.) »Ich kann kein Buch schreiben, das so bedeutend ist wie ein Stück von Shakespeare«, sagte er, »aber ich kann eines schreiben, das von mir stammt.«

Seien Sie Sie selbst! Befolgen Sie den weisen Rat, den Irving Berlin dem verstorbenen George Gershwin gab. Als sich die beiden kennenlernten, war Berlin schon berühmt, aber Gershwin noch ein unbekannter junger Komponist, der für 35 Dollar in der Woche in Kneipen Klavier spielte. Berlin war von Gershwins Können beeindruckt und bot ihm den Posten eines Sekretärs an, für das Dreifache. »Aber lehnen Sie lieber ab«, riet Berlin, »sonst werden Sie vielleicht noch ein zweitklassiger Berlin. Doch wenn Sie sich weiter treu bleiben, sind Sie eines Tages ein erstklassiger Gershwin.«

Gershwin beherzigte jenen Rat und wurde schließlich einer der bedeutendsten amerikanischen Komponisten seiner Zeit.

Charlie Chaplin, Will Rogers, Mary Margaret McBride, Gene Autry und Millionen andere mußten die Lektion lernen, die ich Ihnen in diesem Kapitel einzubleuen versuche. Sie mußten viel Lehrgeld bezahlen – genau wie ich.

Als Charlie Chaplin seine ersten Filme machte, bestand der Regisseur darauf, daß er einen beliebten deutschen Komiker jener Tage nachmachte. Chaplin wurde erst berühmt, als er sich selbst spielte. Bob Hope machte eine ähnliche Erfahrung: Jahrelang trat er in einer Gesangs- und Tanznummer auf – und kam nicht weiter, bis er anfing, Witze zu reißen, und zu dem stand, was er war: ein Komiker. Will Rogers trat jahrelang im Varieté als Lassowerfer auf, ohne ein einziges Wort zu sagen. Erst als er seine einzigartige Begabung fürs Witzemachen entdeckte und beim Lassowerfen redete, hatte er Erfolg.

Mary Margaret McBride wollte in ihren ersten Radiosendungen eine irische Komikerin spielen und fiel damit rein. Erst als sie sich zu dem bekannte, was sie war – ein einfaches Mädchen aus Missouri –, wurde sie einer der beliebtesten Rundfunkstars von New York.

Gene Autry versuchte, seinen texanischen Akzent loszuwerden, trug elegante Maßanzüge und behauptete, er stamme aus New York. Die Leute lachten ihn hinter seinem Rücken aus. Dann fing er an, auf seinem Banjo zu klimpern und Cowboylieder zu singen, und das war der Anfang einer Karriere als beliebtester Cowboy sowohl im Film wie im Rundfunk.

Sie sind auf dieser Welt etwas ganz Neues! Seien Sie froh darüber. Machen Sie das Beste aus dem, was die Natur Ihnen mitgegeben hat. Wenn man genau hinsieht, ist jede Kunst autobiographisch. Sie können nur singen, was Sie sind. Sie können nur malen, was Sie sind. Sie müssen zu dem stehen, was Ihre Erfahrungen, Ihre Umgebung und Ihre Erbanlagen aus Ihnen gemacht haben. Sie müssen Ihren eigenen kleinen Garten bestellen – gut oder schlecht. Sie müssen Ihr eigenes kleines Instrument im Orchester des Lebens spielen – gut oder schlecht.

Wie schon Emerson in seinem Essay *Selbstvertrauen* schrieb: »In der Entwicklung jedes Menschen kommt die Zeit, wo ihm bewußt wird, daß Neid Unwissenheit und Nachahmung Selbstmord ist. Daß er sein Schicksal annehmen muß im guten wie im bösen. Und daß das weite Universum zwar voll von guten Dingen ist, er aber kein Körnchen Nahrung finden wird, wenn er nicht mit viel Mühe das ihm gegebene Stückchen Land bestellt. Die Kraft, die in ihm ruht, ist neu in der Natur, und nur er weiß, was er mit ihr tun kann, und auch das erst, wenn er es versucht hat.«

So sagt es Emerson. Und so drückte es ein Dichter aus – der verstorbene Douglas Malloch:

Wenn du nicht Kiefer sein kannst auf dem Hügel,
Sei ein Busch im Tal – aber sei
Der schönste kleine Busch am Ufer des Bachs.
Sei ein Busch, wenn du kein Baum sein kannst.

Wenn du kein Busch sein kannst, sei ein Büschel Gras
Und steh heiter am Straßenrand.
Wenn du kein Hecht sein kannst, sei einfach ein Barsch,
Aber der munterste Barsch im See.

Nicht nur Kapitän, auch Mannschaft muß sein,
Für alle von uns ist Platz.
Viel Arbeit ist zu tun und wenig,
Doch die Pflichten, die wir haben, sind gleich.

Wenn du keine Straße sein kannst, sei nur ein Pfad.
Wenn du die Sonne nicht sein kannst, so sei ein Stern.
Es ist nicht die Größe, nach der du siegst oder fällst.
Sei das Beste, was immer du bist.

☐ Ahmen wir niemand nach! Finden wir
zu uns selbst und stehen wir zu uns
selbst!

2. Vier gute Arbeitsgewohnheiten gegen Müdigkeit und Sorgen

Gute Arbeitsgewohnheit Nummer eins: Räumen Sie alle Papiere von Ihrem Schreibtisch, die nicht unmittelbar zu Ihrer aktuellen Arbeit gehören.

Roland L. Williams, Generaldirektor der Eisenbahngesellschaft Chicago und Northwestern Railway, sagte einmal: »Es arbeitet sich leichter und genauer, wenn sich auf dem Schreibtisch nicht die Aktenstapel türmen, sondern nur die Papiere liegen, die zu der Sache gehören, mit der man gerade beschäftigt ist. Ich nenne dies richtig wirtschaften, ein Grundpfeiler der Tüchtigkeit.«

Wenn Sie einmal die Kongreßbibliothek in Washington besuchen, können Sie folgenden Spruch an der Decke lesen. Er stammt von dem englischen Dichter Alexander Pope: »Ordnung ist des Himmels oberstes Gebot.«

Ordnung sollte auch das oberste Gebot im Geschäftsleben sein. Aber ist sie es? Nein, gewöhnlich liegen Papiere und Akten auf dem Schreibtisch herum, die seit Wochen nicht angesehen wurden. Der Herausgeber einer Zeitung in New Orleans erzählte mir, daß seine Sekretärin beim Aufräumen eines seiner Schreibtische sogar einmal eine Schreibmaschine entdeckte, die man seit zwei Jahren vermißte!

Der bloße Anblick eines mit unbeantworteten Briefen, Berichten und Memos überhäuften Schreibtischs genügt, um Verwirrung, Spannung und Sorgen hervorzurufen. Eigentlich ist es sogar noch viel schlimmer. Die ständige Erinnerung an ›eine Million Dinge, die man tun müßte und zu denen man keine Zeit hat‹, kann Sie nicht nur so besorgt machen, daß Sie müde und nervös werden, sondern Sie können sich dadurch sogar in einen hohen Blutdruck hineinsteigern, in Herzkrankheiten und Magengeschwüre.

Dr. John H. Stokes, Professor an der medizinischen Fakultät der Universität von Pennsylvania, hielt bei einem nationalen Treffen des amerikanischen Ärztevereins einen Vortrag mit dem Titel ›Funktionsneurosen als Komplikation organischer Erkrankungen‹. Dabei führte er elf Punkte an zu der Frage: »Worauf wir bei der geistigen Verfassung eines Patienten zu achten haben.« Der erste lautete:

»Das Gefühl des Müssens oder der Verpflichtung. Die endlose Strecke von Dingen, die unbedingt getan werden muß.«

Aber wie kann etwas so Einfaches wie das Aufräumen eines Schreibtisches oder das Treffen einer Entscheidung verhindern helfen, daß wir einen hohen Blutdruck bekommen oder das Gefühl, unter einem Zwang zu stehen, das Gefühl, daß eine endlose Strecke von Dingen vor einem liegt, die unbedingt getan werden muß? Dr. William L. Sadler, der bekannte Psychiater, berichtete von einem Patienten, der auf diese Weise einen Nervenzusammenbruch verhinderte. Der Patient war ein leitender Angestellter einer großen Firma in Chicago. Als er zu Dr. Sadler kam, war er nervös, angespannt, besorgt. Er wußte, daß er auf einen Zusammenbruch zusteuerte, aber er konnte seine Arbeit nicht aufgeben. Er brauchte Hilfe.

»Während dieser Mann mir seine Geschichte erzählte«,

sagte Dr. Sadler, »klingelte das Telefon. Es war das Krankenhaus. Statt die Klärung des Problems hinauszuschieben, traf ich sofort am Apparat eine Entscheidung. Wenn möglich, erledige ich eine Frage immer sofort. Kaum hatte ich eingehängt, klingelte es schon wieder. Wieder eine dringende Angelegenheit, über die eine längere Diskussion notwendig wurde. Die dritte Unterbrechung verursachte ein Kollege, der im Sprechzimmer erschien, um sich wegen eines schwerkranken Patienten Rat zu holen. Nachdem er wieder gegangen war, wandte ich mich an meinen Besucher und wollte mich entschuldigen, weil er habe warten müssen. Doch mein Patient war inzwischen bester Laune. Er hatte einen völlig anderen Gesichtsausdruck.«

»Bitte, entschuldigen Sie sich nicht, Doktor!« sagte der Mann zu Sadler. »Ich glaube, in den letzten zehn Minuten habe ich so eine Ahnung bekommen, was mit mir nicht stimmt. Ich fahre jetzt ins Büro zurück und ändere meine Arbeitsgewohnheiten ... Aber vorher würde ich gern noch einen Blick in Ihre Schublade werfen, wenn Sie gestatten.«

Dr. Sadler zog die Schubladen seines Schreibtisches auf. Alles leer – bis auf Büromaterial. »Sagen Sie mal«, fragte der Patient, »wo sind Ihre unerledigten Fälle?«

»Erledigt.«

»Und die unbeantwortete Post?«

»Beantwortet!« erwiderte Sadler. »Ich habe es mir zum Prinzip gemacht, keinen Brief hinzulegen, ehe ich ihn nicht beantwortet habe. Ich diktiere meiner Sekretärin die Antwort immer sofort.«

Sechs Wochen später bat jener leitende Angestellte Dr. Sadler, bei ihm im Büro vorbeizukommen. Er hatte sich verändert – und sein Schreibtisch auch. Er öffnete die Schubladen, um zu zeigen, daß keine unerledigten Akten darin lagen. »Noch vor sechs Wochen«, sagte der Mann,

»hatte ich drei verschiedene Schreibtische in zwei verschiedenen Räumen – und war mit Arbeit überlastet. Ich wurde nie fertig. Nach dem Gespräch mit Ihnen kehrte ich hierher ins Büro zurück und räumte eine Wagenladung Berichte und alte Akten aus. Jetzt arbeite ich nur noch an einem Schreibtisch, regle alle Dinge sofort, soweit das möglich ist, und habe keinen Berg unerledigter Probleme herumliegen, der an mir zehrt und mich beunruhigt und nervös macht. Aber das erstaunlichste ist, daß ich wieder völlig gesund bin. Mit meiner Gesundheit stimmt es wieder.«

Charles Evan Hughes, ehemaliger Erster Richter am Obersten Gerichtshof der Vereinigten Staaten, sagte: »Die Menschen sterben nicht an Überarbeitung. Sie sterben an Unkonzentriertheit und innerer Unruhe.« Ja, weil sie ihre Energien vergeuden und sich Sorgen über die viele Arbeit machen, die nie fertig wird.

Gute Arbeitsgewohnheit Nummer zwei: Tun Sie die Dinge in der Reihenfolge ihrer Wichtigkeit.

Henry L. Doherty, Gründer der Cities Service Company mit Filialen in ganz Amerika, sagte, daß er, gleichgültig wieviel Gehalt er zahle, noch nie jemand gefunden habe, der die folgenden zwei Eigenschaften besaß:

Erstens, die Fähigkeit zu denken, und zweitens, die Fähigkeit, die Dinge in der Reihenfolge ihrer Wichtigkeit zu erledigen.

Charles Luckman, ein Seifenvertreter, der bei Null anfing und zwölf Jahre später Generaldirektor von Pepsodent war, verdiente hunderttausend Dollar im Jahr und machte außerdem noch eine Million nebenbei – dieser Mann erklärte, daß er seinen Erfolg zu einem großen Teil der Ausbildung der beiden Fähigkeiten verdankte, die Henry L. Doherty nirgends entdecken konnte. »Solange ich mich erinnern kann«, sagte Charles Luckman, »stand ich um fünf Uhr morgens auf, weil ich dann am besten denken kann – dann kann ich besser denken und meinen Tag einteilen und überlegen, welche Dinge wichtiger sind als andere.«

Frank Bettger, einer von Amerikas erfolgreichsten Versicherungsvertretern, wartete mit der Tagesplanung nicht bis fünf Uhr früh. Er plante bereits am Abend vorher – und steckte sich ein Ziel, das Ziel, am nächsten Tag soundsoviel Versicherungen zu verkaufen. Wenn er es nicht schaffte, wurde die Differenz dem nächsten Tag zugeschlagen – und so weiter.

Ich weiß aus langer Erfahrung, daß man die Dinge nicht immer in der Reihenfolge ihrer Wichtigkeit erledigen kann, doch ich weiß auch, daß eine Aufstellung ihrer Wichtigkeit unendlich viel nützlicher ist, als ohne Vorbereitung den Tag sozusagen vom Blatt zu spielen.

Wenn George Bernard Shaw es sich nicht zur strikten Gewohnheit gemacht hätte, das Wichtigste zuerst zu tun, hätte er als Dramatiker vielleicht keinen Erfolg gehabt und wäre sein Leben lang Bankkassierer geblieben. Sein Plan bestand darin, jeden Tag fünf Seiten zu schreiben, neun herzzerreißende Jahre lang, obwohl er in dieser ganzen Zeit insgesamt nur dreißig Dollar verdiente – etwa einen Penny am Tag. Sogar Robinson Crusoe machte sich einen genauen Stundenplan für jeden Tag.

Gute Arbeitsgewohnheit Nummer drei: Wenn Sie ein Problem haben, lösen Sie es sofort, falls Sie die zur Entscheidung nötigen Informationen haben. Schieben Sie eine Entscheidung nicht auf die lange Bank.

Einer meiner ehemaligen Studenten, der verstorbene H. P. Howell, erzählte mir, daß die Sitzungen des Verwaltungsrates von U.S. Steel sich immer sehr in die Länge zogen; viele Probleme wurden diskutiert, doch nur wenige Entscheidungen getroffen. Das Ergebnis war, daß er und die anderen Mitglieder des Verwaltungsrates Stöße von Berichten zum Durcharbeiten mit nach Hause nehmen mußten.

Schließlich überredete H. P. Howell den Verwaltungsrat, nur ein Problem zu besprechen und dann darüber zu entscheiden. Kein Zögern, kein Hinausschieben. Die Entscheidung konnte zum Beispiel sein, daß noch mehr Unterlagen angefordert werden mußten, mehr Informationen notwendig waren, daß man etwas unternehmen müsse oder die Sache auf sich beruhen lasse. Aber es wurde bei jedem Problem Stellung bezogen, ehe man zum nächsten überging. H. P. Howell berichtete, daß die Ergebnisse erstaunlich und erfreulich gewesen seien: alles wurde erledigt, alle Punkte der Tagesordnung konnten abgehakt werden. Keiner mußte mehr Aktenstöße zur Durchsicht mit nach Hause nehmen. Und niemand hatte das unbehagliche Gefühl, daß Probleme ungelöst geblieben waren.

Eine gute Regel, nicht nur für den Verwaltungsrat von U.S. Steel, sondern auch für Sie und mich.

Gute Arbeitsgewohnheit Nummer vier: Lernen Sie zu organisieren, zu delegieren und zu beaufsichtigen.

Viele Geschäftsleute bringen sich vorzeitig ins Grab, weil sie nie lernten, anderen Verantwortung zu übertragen, und immer darauf bestanden, alles selbst zu machen. Das Ergebnis: Die Einzelheiten und die Unübersichtlichkeit erdrücken sie. Diese Leute fühlen sich ständig gehetzt, sie machen sich Sorgen und sind nervös und angespannt. Es ist schwierig, Verantwortung zu delegieren. Ich weiß Bescheid. Auch mir fiel das schwer, sehr schwer sogar. Und aus Erfahrung weiß ich auch, was für Reinfälle man erleben kann, wenn man an die Falschen gerät. Aber so schwierig es auch ist, Verantwortung zu delegieren, leitende Angestellte müssen es tun, um Sorgen, Müdigkeit und Streß zu vermeiden.

Geschäftsleute, die große Firmen aufbauen und leiten und nicht lernen zu organisieren, zu delegieren und zu beaufsichtigen, gehen gewöhnlich an Herzkrankheiten hops, wenn sie Ende Fünfzig, Anfang Sechzig sind. Herzkrankheiten, die durch Streß und Sorgen verursacht wurden. Möchten Sie ein Beispiel? Werfen Sie einen Blick auf die Todesanzeigen in Ihrer Zeitung.

Um Müdigkeit und Sorgen fernzuhalten, eignen Sie sich folgende vier gute Arbeitsgewohnheiten an:

1. Räumen Sie alle Papiere von Ihrem Schreibtisch, die nicht unmittelbar zu Ihrer augenblicklichen Arbeit gehören.
2. Tun Sie die Dinge in der Reihenfolge ihrer Wichtigkeit.
3. Wenn Sie ein Problem haben, lösen Sie es sofort, falls Sie die zur Entscheidung nötigen Informationen haben.
4. Lernen Sie zu organisieren, zu delegieren und zu beaufsichtigen.

3. Was Sie müde macht –
und was Sie dagegen unternehmen können

Geistige Arbeit allein macht nicht müde – eine erstaunliche und bedeutsame Behauptung. Sie klingt verrückt. Aber vor ein paar Jahren versuchten Wissenschaftler herauszufinden, wie lange das menschliche Gehirn arbeiten kann, ohne ›Verminderung der Arbeitsleistung‹, wie die wissenschaftliche Definition der Ermüdung heißt. Zum Erstaunen dieser Wissenschaftler entdeckten sie, daß das durch das aktive Gehirn fließende Blut keine Spuren von Ermüdung aufwies! Wenn man einem Arbeiter während der Arbeit Blut aus der Vene entnimmt, weist es viele ›Ermüdungstoxine‹ auf und durch Ermüdung hervorgerufene Abbauprodukte. Aber wenn man einen Tropfen Blut aus dem Gehirn eines Mannes wie Albert Einstein untersuchte, würde man auch abends noch keine durch Ermüdung verursachten Giftstoffe feststellen können.

Soweit es das Gehirn betrifft, kann es nach acht oder sogar zwölf Stunden Anstrengung noch so gut und rasch arbeiten wie am Anfang. Das Gehirn ist fast unermüdlich. Was macht Sie also müde?

Die Psychiater erklären, daß der größte Teil unserer Müdigkeit durch unsere geistige und seelische Haltung verursacht wird. Einer von Englands bekanntesten Psychotherapeuten, J. A. Hadfield, schreibt in seinem Buch *Die Psychologie der Macht:* »Der größere Teil der Müdigkeit, an der wir leiden, ist geistigen Ursprungs. Tatsächlich ist Erschöpfung aus rein physischen Gründen selten.«

Dr. A. A. Brill, ein berühmter amerikanischer Psychiater, geht sogar noch weiter. Er behauptet: »Hundert Prozent der Müdigkeit eines gesunden Menschen mit sitzender Lebensweise ist auf psychologische Faktoren zurückzuführen, womit wir emotionale Faktoren meinen.«

Was sind das für emotionale Faktoren, die den Menschen mit sitzender Lebensweise ermüden? Freude? Zufriedenheit? Nein, niemals. Langeweile, Unmut, ein Gefühl, verkannt zu werden, Frustration, Hast, Angst, Sorge – das sind emotionale Faktoren, die ihn erschöpfen, grippeanfällig machen, seine Leistung beeinträchtigen und ihn mit einem nervösen Kopfweh nach Hause schicken. Ja, wir werden müde, weil unsere Gefühle im Körper nervöse Spannungen verursachen.

Die Metropolitan-Lebensversicherungs-Gesellschaft stellte dies in ihrer Broschüre über die Müdigkeit auch fest. »Harte Arbeit allein«, schreibt diese große Versicherungsfirma, »verschuldet selten Müdigkeit, die nicht mit gesundem Schlaf oder durch Ruhe kuriert werden kann ... Sorgen, Anspannung und Aufregung sind die drei Hauptursachen der Ermüdung. Sie sind dafür verantwortlich zu machen, wenn physische oder geistige Arbeit dem äußeren Anschein nach die Schuld tragen ... Bedenken Sie, daß ein verspannter Muskel ein arbeitender Muskel ist. Seien Sie locker! Sparen Sie Ihre Energie für wichtige Dinge!«

Halten Sie inne, da, wo Sie sind, und prüfen Sie sich. Während Sie diese Zeilen lesen, runzeln Sie die Stirn? Spüren Sie eine gewisse Spannung zwischen den Augen? Sitzen Sie locker auf Ihrem Stuhl? Oder ziehen Sie die Schultern hoch? Sind Ihre Gesichtsmuskeln angespannt? Wenn nicht Ihr ganzer Körper so schlapp und beweglich ist wie eine alte Lumpenpuppe, erzeugen Sie jetzt, in dieser Sekunde, nervöse Spannung und Muskelspannungen. *Sie erzeugen nervöse Spannungen und nervöse Ermüdung!*

Warum produzieren wir diese überflüssigen Spannungen, wenn wir geistig arbeiten? Daniel W. Josselyn sagt: »Ich stelle fest, daß das Haupthindernis ... der fast überall verbreitete Glaube ist, harte Arbeit verlange ein Gefühl von Anstrengung, sonst mache man sie nicht gut.« Deshalb runzeln wir die Stirn, wenn wir uns konzentrieren. Wir machen krumme Schultern. Wir veranlassen unsere Muskeln, sich anzustrengen, obwohl dies unserem Gehirn bei seiner Arbeit überhaupt nicht hilft.

Eine erstaunliche und traurige Wahrheit ist: Millionen Menschen, die nicht einmal im Traum daran dächten, ihr Geld zu verschwenden, verschwenden und verzetteln ständig ihre Energien mit der Unbekümmertheit von sieben betrunkenen Matrosen in Singapur.

Was für ein Mittel gibt es nun gegen diese nervöse Erschöpfung? Entspannen! Entspannen! Entspannen! Lernen Sie, sich bei Ihrer Arbeit zu entspannen!

Einfach? Nein. Wahrscheinlich müssen Sie lebenslange Gewohnheiten auf den Kopf stellen. Doch es ist der Mühe wert, denn es könnte Ihr Leben völlig verändern. William James schrieb in seinem Aufsatz *Das Prinzip der Entspannung:* »Die Exaltiertheit und Sprunghaftigkeit des Amerikaners, seine Atemlosigkeit und Heftigkeit und seine Angst vor Gefühlen ... sind schlechte Gewohnheiten, nicht mehr und nicht weniger.« Spannung ist eine Gewohnheit. Entspannung ist eine Gewohnheit. Und mit schlechten Gewohnheiten kann man brechen; gute Gewohnheiten kann man sich anerziehen. Wie entspannt man? Fängt man mit dem Verstand an, oder mit den Nerven? Weder noch. Man fängt immer damit an, daß man die Muskeln entspannt!

Machen wir einen Versuch. Beginnen wir mit dem

Üben einmal bei den Augen. Lesen Sie diesen Absatz durch, und wenn Sie am Ende angekommen sind, lehnen Sie sich zurück, schließen die Augen und befehlen ihnen leise: ›Laßt los! Laßt los! Keine Spannung mehr! Kein Runzeln mehr! Laßt los! Laßt los!‹ Wiederholen Sie das langsam eine Minute lang wieder und wieder . . .

Haben Sie bemerkt, daß Ihre Augenmuskeln nach ein paar Sekunden zu *gehorchen begannen?* Hatten Sie nicht das Gefühl, eine Hand habe Ihre Spannung weggewischt? Nun, so unglaublich es auch scheinen mag, in dieser einen Minute haben Sie die ganze Tonart, das ganze Geheimnis der Kunst der Entspannung ausprobiert. Das gleiche können Sie mit dem Kinn machen, mit Ihren Gesichtsmuskeln, mit dem Nacken, den Schultern, dem ganzen Körper. Aber das wichtigste Organ sind die Augen. Dr. Edmund Jacobsen von der Universität von Chicago ging sogar so weit, zu behaupten, daß man alle seine Probleme vergessen könne, wenn man gelernt habe, seine Augenmuskeln völlig zu entspannen. Der Grund, warum die Augen für den Abbau nervöser Spannungen so wichtig sind, liegt darin, daß sie ein Viertel der vom Körper verbrauchten Nervenenergie verbrennen. Deshalb leiden auch so viele Menschen mit vollkommen normaler Sehkraft an ›Augenbrennen‹. Sie spannen ihre Augen zu sehr an.

Die bekannte Schriftstellerin Vicki Baum erzählte, daß sie als Kind einen alten Mann traf, der ihr eine der wichtigsten Lektionen ihres Lebens erteilte. Sie war hingefallen und hatte sich die Knie aufgeschürft und ihr Handgelenk verletzt. Der alte Mann hob sie auf. Er war einmal ein Zirkusclown gewesen, und während er sie säuberte, sagte er: »Weil du nicht weißt, wie du dich entspannen mußt, hast du dir weh getan. Du mußt dir vorstellen, du seist so schlapp wie eine Socke, wie eine alte, zerknitterte Socke. Komm, ich zeig dir, wie man's macht.«

Jener alte Mann lehrte Vicki Baum und die andern Kinder, wie man fällt, Purzelbäume schlägt und Saltos macht. Immer wieder erinnerte er sie: »Stellt euch vor, ihr wärt eine alte, zerknitterte Socke! Dann könnt ihr gar nicht anders, als euch entspannen!«

Sie können in den seltsamsten Augenblicken entspannen, fast überall und immer. Nur geben Sie sich keine Mühe dabei! Entspannung ist das Fehlen jeder Spannung und Anstrengung. Stellen Sie sich vor, daß Sie sich lockern und entspannen. Fangen Sie damit an, daß Sie sich vorstellen, wie Sie Ihre Augen- und Gesichtsmuskeln entspannen, und wiederholen Sie immer wieder: ›Laßt los! Laßt los ... loslassen und entspannen.‹ Spüren Sie, wie die Energie aus Ihren Gesichtsmuskeln zum Zentrum Ihres Körpers fließt? Stellen Sie sich so frei von Spannungen vor wie ein Baby.

Das pflegte auch die große Sopranistin Amelita Galli-Curci zu tun. Helen Jepson erzählte mir, daß sie die Galli-Curci vor der Vorstellung häufig in der Garderobe besuchte. Die Diva saß mit völlig entspannten Muskeln in einem Sessel, und ihr Unterkiefer war so schlaff, daß er buchstäblich herunterhing. Eine hervorragende Übung – sie verhinderte, daß die Sängerin vor ihrem Auftritt zu nervös wurde, eine Vorbeugungsmaßnahme gegen Ermüdung.

Hier sind vier hilfreiche Vorschläge, wie Sie lernen, sich zu entspannen.

1. *Entspannen Sie, wann immer Sie Zeit haben!*

Machen Sie Ihren Körper schlaff wie eine alte Socke. Ich habe beim Arbeiten eine alte braune Socke auf meinem Schreibtisch liegen, als Erinnerung daran, wie schlapp ich sein sollte. Wenn Sie keine Socke haben, geht auch eine Katze. Haben Sie schon einmal ein Kätzchen aufgehoben, das in der Sonne schlief? Beide Enden sacken dann herunter wie nasses Zeitungspapier. Sogar die Yogis in Indien sagen, daß man die Katzen studieren soll, wenn man die Kunst der Entspannung beherrschen möchte. Ich habe nie eine müde Katze erlebt, eine Katze mit einem Nervenzusammenbruch oder eine Katze, die an Schlaflosigkeit litt, an Magengeschwüren oder die sich Sorgen machte. Wahrscheinlich werden Sie all diese Dinge vermeiden, wenn Sie lernen, sich zu entspannen wie die Katzen.

2. *Arbeiten Sie soviel wie möglich in bequemer Haltung.*

Denken Sie daran, daß Spannungen im Körper Schulterschmerzen und nervöse Erschöpfung verursachen.

3. *Prüfen Sie sich vier- oder fünfmal am Tag*

und fragen Sie sich: ›Mache ich mir die Arbeit schwerer, als sie tatsächlich ist? Gebrauche ich Muskeln, die mit meiner Arbeit nichts zu tun haben?‹ Dies wird Ihnen helfen, sich das Entspannen *anzugewöhnen*, denn wie Dr. David Harold Fink sagt: »Jeder gute Psychologe weiß, daß die Chancen, sich etwas abzugewöhnen, immer eins zu zwei stehen.«

4. *Fragen Sie sich am Ende des Tages wieder: ›Wie müde bin ich eigentlich?‹*

Wenn ich müde bin, dann liegt das nicht an der geistigen Arbeit, die ich getan habe, sondern daran, *wie* ich sie tat.

»Ich messe meine Leistungen nicht daran, wie müde ich bin, sondern wie müde ich abends *nicht* bin«, sagt Daniel W. Josselyn. »Wenn ich am Ende eines Tages besonders erschöpft bin oder meine Gereiztheit mir verrät, daß meine Nerven müde sind, dann weiß ich ohne jeden Zweifel, daß es ein erfolgloser Tag war, sowohl quantitativ wie qualitativ.« Wenn alle Geschäftsleute diese Lektion lernten, würde die Sterbequote durch Bluthochdruckkrankheiten über Nacht sinken. Und wir würden aufhören, unsere Sanatorien und Heime mit Menschen zu füllen, die an Erschöpfung und Angst zerbrochen sind.

☐ Lernen Sie, sich bei Ihrer Arbeit zu entspannen.

4. Wie man die Langeweile vertreibt, die Müdigkeit, Sorgen und Unzufriedenheit verursacht

Eine der Hauptursachen der Müdigkeit ist die Langeweile. Ein gutes Beispiel dafür ist Alice, eine Sekretärin, die in Ihrer Straße wohnen könnte. An einem Abend kam sie völlig erledigt nach Hause. Sie *benahm* sich, als sei sie sehr erschöpft, und sie *war* auch erschöpft. Sie hatte Kopfweh. Und Rückenschmerzen. Sie war so müde, daß sie sofort ins Bett gehen wollte, ohne etwas zu essen. Ihre Mutter überredete sie, sich doch an den gedeckten Tisch zu setzen ... Dann klingelte das Telefon. Ihr Freund! Er wollte mit ihr ausgehen. Alices Augen blitzten, ihre Stimmung stieg wie eine Rakete. Sie rannte hinauf, zog ihr schönes blaues Kleid an und tanzte bis drei Uhr morgens. Und als sie schließlich wieder zu Hause war, fühlte sie sich nicht im geringsten erschöpft. Sie war im Gegenteil so aufgekratzt, daß sie nicht einschlafen konnte.

War Alice acht Stunden früher, als sie müde aussah und sich auch so benahm, wirklich erschöpft gewesen? Selbstverständlich. Sie war müde, weil ihre Arbeit sie langweilte, vielleicht sogar das Leben. Es gibt Millionen von Alices. Sie könnten auch eine sein.

Es ist eine allgemein bekannte Tatsache, daß unsere Gefühls- welt mit dem Entstehen von Müdigkeit viel mehr zu tun hat als physische Anstrengung. Vor einigen Jahren veröffentlichte der Doktor der Philosophie Joseph E. Barmack in ›Archives of Psychology‹ einen Bericht seiner Experimente über den Zusammenhang von Müdigkeit und Langeweile. Dr. Barmack machte mit einer Gruppe von Studenten einige Tests, die sie sehr wenig interessierten, wie er wußte. Das Ergebnis? Die Studenten fühlten sich müde und schläfrig und klagten über Kopfweh und Augenbrennen und waren gereizt. In einigen Fällen traten sogar Magenbeschwerden auf. War es alles ›Einbildung‹? Nein. Das Blut der Studenten wurde untersucht. Man stellte fest, daß nicht nur der Blutdruck nach den Tests niedriger war, auch der Sauerstoffverbrauch war zurückgegangen. Es ergab sich ferner, daß der Stoffwechsel sofort angeregt wurde, wenn die Versuchspersonen an ihrer Arbeit Freude und Interesse hatten.

Wir werden selten müde, wenn wir etwas Aufregendes und Spannendes tun. Ich machte zum Beispiel kürzlich Urlaub in den kanadischen Rocky Mountains. Mehrere Tage fischte ich Forellen und kämpfte mich durch übermannshohes Gebüsch, stolperte über umgefallene Bäume und Äste – und trotzdem war ich acht Stunden später nicht erschöpft. Wieso? Weil ich begeistert und fröhlich war. Ich hatte auch etwas geleistet: sechs Flußforellen hatte ich gefangen. Aber angenommen, ich hätte mich beim Fischen gelangweilt, wie hätte ich mich da wohl gefühlt? Was glauben Sie? Ich wäre von den Anstrengungen in über zweitausend Meter todmüde gewesen.

Sogar beim Klettern kann die Langeweile viel mehr Müdigkeit verursachen als die körperliche Anstrengung selbst. S. H. Kingman, der Direktor einer Bank in Minneapolis, erzählte mir von einem Vorfall, der dafür ein sehr gutes Beispiel ist. Im Juli 1953 bat die kanadische Regierung den kanadischen Alpenverein, Bergführer zu stellen, die mit Soldaten der Prince of Wales Rangers das Klettern üben sollten. Kingman war einer dieser Bergführer. Er erzählte mir, wie er und seine Kollegen – alles Männer zwischen zweiundvierzig und neunundfünfzig – mit diesen jungen Soldaten lange Gletscherwanderungen unternahmen, Schneefelder querten und am Seil eine fünfzehn Meter senkrecht abfallende Felswand hochkletterten, die nur kleine Trittlöcher und brüchige Handhalterungen hatte. Sie bestiegen den Michael's Peak, den Vice-President Peak und noch viele andere namenlose Gipfel in den kanadischen Rockies. Nach fünfzehn Stunden Klettern waren die jungen Leute völlig erschlagen, trotz der Hochform, in der sie waren, denn sie hatten gerade ein sechswöchiges Nahkampftraining hinter sich.

Waren sie so müde, weil sie beim Bergsteigen Muskeln gebraucht hatten, die während der Nahkampfschulung nicht trainiert worden waren? Wer je so eine Schulung durchmachen mußte, kann über eine so dumme Frage nur spöttisch lächeln. Nein, die Soldaten waren so erschöpft, weil das Bergsteigen sie langweilte. Sie waren so müde, daß viele einschliefen, ehe es Essen gab. Aber die Bergführer – zwei- bis dreimal so alt –, waren die müde? Das schon, aber nicht erschlagen. Die Bergführer aßen ihr Abendessen und blieben noch ein paar Stunden auf und sprachen über die Ereignisse des Tages. Sie waren nicht erschöpft, weil es ihnen gefallen hatte.

Als Dr. Edward Thorndike von der Columbia-Universität Untersuchungen über Müdigkeit durchführte, hielt er die jungen Versuchspersonen fast eine Woche lang wach, weil er sie ständig mit interessanten Dingen beschäftigte. Am Ende seiner langen Untersuchungen soll er gesagt haben: »Langeweile ist die einzige wahre Ursache für verminderte Arbeitsleistung.«

Bei geistiger Arbeit ist es selten die Arbeitsmenge, die ermüdet. Manchmal ermüdet einen die Arbeit, die man *nicht* tut. Erinnern Sie sich zum Beispiel noch an den Tag in der letzten Woche, an dem man Sie ständig unterbrach?

Briefe blieben unbeantwortet liegen, Verabredungen wurden nicht eingehalten, überall Probleme. An jenem Tag ging alles schief. Sie schafften überhaupt nichts, und trotzdem kamen Sie völlig erledigt nach Hause – mit einem Brummschädel.

Am nächsten Tag lief im Büro alles wie am Schnürchen. Sie schafften das Vierzigfache. Und doch kamen Sie frisch wie eine schneeweiße Gardenie nach Hause. Sie haben so etwas schon erlebt, nicht wahr? Ich auch.

Was folgt daraus? Nur dies: *Unsere Müdigkeit entsteht häufig nicht durch Arbeit, sondern durch Sorgen, Frustration und Unzufriedenheit.*

Während ich an diesem Kapitel schrieb, besuchte ich eine Probe von Jerome Kerns entzückendem Musical *Show Boat.* Captain Andy, der Kapitän der *Cotton Blossom,* sagt in einem seiner nachdenklichen Augenblicke: »Die Leute sind glücklich dran, die nur tun müssen, was ihnen Spaß macht.« Diese Menschen sind glücklich, weil sie mehr Energie, mehr Fröhlichkeit und weniger Sorgen haben und weniger müde sind. Wo Ihre Interessen liegen, da sind auch Ihre Energien. Zehn Block weit mit einer nörgelnden Ehefrau oder einem gereizten Ehemann gehen zu müssen, kann ermüdender sein als zehn Kilometer mit einem angebeteten Wesen zu wandern.

Und was weiter? Was kann man dagegen tun? Nun, eine Stenotypistin bei einer Ölfirma machte folgendes: Mehrere Tage im Monat mußte sie eine denkbar langweilige Arbeit erledigen: Formulare über Öllieferungen ausfüllen, nichts als Zahlen und Statistiken. Es war so entsetzlich eintönig, daß sie aus reinem Selbsterhaltungstrieb beschloß, die Geschichte interessanter zu machen. Wie? Sie stellte mit sich selbst jeden Tag einen Wettbewerb an. Sie zählte die erledigten Formulare vom Vormittag und versuchte am Nachmittag, noch mehr auszufüllen. Sie errechnete die Tagesproduktion und setzte ihren

Ehrgeiz daran, sie am nächsten Tag zu übertreffen. Das Ergebnis? Bald füllte sie mehr langweilige Formulare aus als alle anderen Stenotypistinnen ihrer Abteilung. Und was bekam sie dafür? Lob? Nein ... Dank? Nein ... Wurde sie befördert? Nein ... Erhielt sie eine Gehaltserhöhung? Nein ... Es half ihr nur, gegen die Müdigkeit anzukämpfen, die die Langeweile erzeugt. Weil sie ihr möglichstes tat, eine langweilige Arbeit interessant zu gestalten, hatte sie mehr Energie, mehr Eifer und fühlte sich in ihrer Freizeit viel glücklicher.

Ich weiß zufällig, daß diese Geschichte wahr ist, denn ich habe jene Stenotypistin geheiratet.

Hier ist noch die Geschichte einer anderen Stenotypistin, Vallie G. Golden, die feststellte, daß es sich bezahlt macht, wenn man so tut, *als ob* einem die Arbeit Spaß macht. Sie schrieb mir folgendes:

»Wir waren vier Stenotypistinnen im Büro, und jede von uns mußte für verschiedene Leute Briefe schreiben. Manchmal kam da viel zusammen. Eines Tages, als ein stellvertretender Abteilungsleiter darauf bestand, daß ich einen langen Brief noch einmal schriebe, fing ich an zu protestieren. Ich versuchte, ihm klarzumachen, daß ich die Fehler korrigieren könne, ohne daß man etwas merke, doch er antwortete, wenn ich keine Lust habe, würde er sich eben jemand anders suchen. Ich kochte vor Wut. Während ich dann die Sache erneut abtippte, fiel mir plötzlich ein, daß eine Menge Leute sich auf die Gelegenheit stürzen und meine Arbeit mit Freuden machen würde. Schließlich wurde ich dafür bezahlt, daß ich Briefe schrieb, und für nichts anderes. Ich beschloß, von nun an meine Arbeit so zu tun, als ob sie mir tatsächlich gefiele – obwohl ich sie haßte. Da entdeckte ich etwas sehr Wichtiges: Wenn ich so tat, ›als ob‹ – dann wurde es bis zu einem gewissen Grad sogar Wirklichkeit. Ich stellte auch fest, daß ich auf diese Weise mehr erledigte. Und so brauchte ich seitdem kaum noch Überstunden zu machen. Meine neue Einstellung brachte mir den Ruf ein, sehr tüchtig zu sein. Und als einer der Abteilungsleiter eine Privatsekretärin brauchte, verlangte er mich, weil, wie er sagte, ich bereit sei, auch einmal etwas mehr zu arbeiten, ohne gleich den Mund zu verziehen. Wieviel eine Änderung des Blickwinkels ausmachen kann«, schrieb Vallie Golden mir, »war für mich eine schrecklich wichtige Entdeckung. Es hat Wunder getan.«

Vallie Golden handelte nach der wundertätigen »Als ob«-Lebensphilosophie von Professor Hans Vaihinger. Er lehrte zu handeln, ›als ob‹ wir glücklich seien – und so weiter.

Wenn Sie tun, ›als ob‹ Sie Spaß an Ihrem Job haben, dann kann dieses bißchen Theaterspielen dazu führen, daß er Ihnen tatsächlich gefällt. Und es kann dazu führen, daß Sie weniger müde sind, weniger nervös, weniger besorgt.

Vor ein paar Jahren traf Harlan A. Howard eine Entscheidung, die sein Leben völlig veränderte. Er beschloß, einen langweiligen Job interessant zu gestalten – und der war wirklich langweilig: Er mußte in der Kantine seiner Schule Teller waschen, Tische schrubben und Eis ausgeben, während die andern Jungen mit den Mädchen herumalberten oder Ball spielten. Harlan Howard haßte die Arbeit, doch da er sie nicht aufgeben konnte, beschloß er, sich genauer mit dem Eis zu beschäftigen – wie es gemacht wurde, welche Zutaten man brauchte, warum das eine besser schmeckte als das andere. Er untersuchte die chemischen Eigenschaften von Eis und war bald im Chemieunterricht der Klassenbeste. Inzwischen interessierte er sich so für Lebensmittelchemie, daß er später Lebensmitteltechnik studierte. Als die Kakaobörse von New York einen Preis von einhundert Dollar für die beste Arbeit über die Verwendung von Kakao und Schokolade aussetzte, ein Wettbewerb, bei dem alle Collegestudenten mitmachen konnten – wer, glauben Sie, siegte? Genau. Harlan A. Howard.

Später stellte er fest, daß es schwierig war, einen Job zu finden, und so richtete er im Keller seines Hauses in Amherst, Massachusetts, ein eigenes Labor ein. Kurz darauf wurde ein neues Gesetz erlassen: Die Bakterien in der Milch mußten regelmäßig überprüft und gezählt werden. Und bald zählte Harlan A. Howard für vierzehn Amherster Milchfirmen die Bakterien – und war gezwungen, zwei Hilfskräfte einzustellen.

Was er wohl in fünfundzwanzig Jahren machen wird? Nun, die Leute, die heute in der Lebensmittelchemie den Ton angeben, werden dann pensioniert oder tot sein, und ihren Platz werden jüngere Männer einnehmen, die Initiative und Begeisterung haben. In fünfundzwanzig Jahren wird Harlan A. Howard vermutlich zu den führenden Köpfen seines Berufs gehören, während manche seiner Klassenkameraden, denen er Eis über die Theke verkaufte, verbittert und arbeitslos sein werden, auf die Regierung schimpfen und sich darüber beklagen, daß sie nie eine Chance bekommen haben. Harlan A. Howard hätte vielleicht auch nie seine Chance bekommen, wenn er nicht beschlossen hätte, einen langweiligen Job interessanter zu machen.

Vor Jahren gab es einen jungen Mann, der es satt hatte, an der Drehbank zu stehen und Bolzen herzustellen. Sein Vorname war Sam. Am liebsten wäre er davongelaufen, doch er hatte Angst, er würde keine andere Arbeit finden. Da ihm also nichts anderes übrigblieb, als diese langweilige Arbeit zu tun, beschloß er, sie interessanter zu gestalten. Deshalb schlug er dem Mechaniker, der an der nächsten Maschine stand, einen Wettkampf vor. Der eine der beiden mußte an seiner Drehbank die Rohstücke vorbehandeln, der andere die Bolzen auf den genauen Durchmesser zurechtschleifen. Sie wollten nun von Zeit zu Zeit ihren Platz tauschen und feststellen, wer mehr Bolzen schaffte. Der Vorarbeiter, den Sams Schnelligkeit und Genauigkeit beeindruckte, besorgte ihm bald eine bessere Arbeit. Und das war der Beginn einer Reihe von Beförderungen. Dreißig Jahre später war Sam – Samuel Vauclain – Generaldirektor der Baldwin Locomotive Works. Aber vielleicht wäre er sein Leben lang Mechaniker geblieben, wenn er nicht beschlossen hätte, eine langweilige Arbeit interessanter zu machen.

H.V. Kaltenborn – der bekannte Rundfunkkommentator – erzählte mir einmal, wie er einen langweiligen Job spannend machte. Mit zweiundzwanzig Jahren arbeitete er seine Schiffspassage über den Atlantik auf einem Viehdampfer ab und fütterte und tränkte die Stiere. Nach einer Radtour durch England traf er hungrig und pleite in Paris ein. Er versetzte seinen Fotoapparat für fünf Dollar und gab in der Pariser Ausgabe des *New York Herald* eine Anzeige auf. Er erhielt einen Job als Stereoskopverkäufer. Ich kann mich noch an jene altmodischen Projektoren erinnern. Man hielt sich einen vor die Augen, um zwei ganz genau gleiche Bilder zu betrachten. Und jedesmal geschah ein Wunder. Die beiden Linsen im Stereoskop verschmolzen die beiden Bilder zu einer einzigen, dreidimensionalen Szene. Man sah in die Tiefe. Es ergab sich eine verblüffende Perspektive.

Nun, wie ich schon sagte, Kaltenborn begann, mit diesen Apparaten in Paris von Tür zu Tür zu gehen – und er konnte kein Französisch! Trotzdem verdiente er schon im ersten Jahr fünftausend Dollar Provision und wurde in jenem Jahr auch zu einem der bestbezahlten Vertreter Frankreichs. Kaltenborn erzählte, daß diese Erfahrung ein unerhörtes Erfolgstraining für ihn gewesen sei, das nicht ein ganzes Jahr Studium an einer teuren Universität hätte ersetzen können. Eine Frage des Selbstvertrauens? Er sagt, daß er danach das Gefühl hatte, sogar Sitzungsprotokolle des amerikanischen Kongresses an französische Hausfrauen verkaufen zu können.

Er erfuhr dabei auch sehr viel über das Leben in Frankreich, und das war für ihn später, als er im Rundfunk europäische Ereignisse kommentierte, von unschätzbarem Wert.

Wie schaffte er es, ein glänzender Vertreter zu werden, ohne ein Wort Französisch zu sprechen? Nun, er bat seinen Arbeitgeber, die Verkaufsgespräche in schönem Französisch aufzuschreiben, und dann lernte er sie auswendig. Er klingelte also an einer Tür, eine Hausfrau öffnete, und Kaltenborn begann sein Sprüchlein aufzusagen, mit einem so schrecklichen Akzent, daß er schon wieder komisch war. Er zeigte der Hausfrau seine Bilder, und wenn sie etwas fragte, zuckte er mit den Schultern und sagte: »Amerikaner... Amerikaner...« Darauf nahm er seinen Hut ab und deutete auf eine Kopie seines Verkaufsgesprächs in schönstem Französisch, die er in den Hut geklebt hatte. Die Hausfrau lachte, er lachte – und zeigte ihr noch mehr Bilder. Als Kaltenborn mir davon erzählte, gestand er auch, daß der Job alles andere als leicht gewesen sei. Eigentlich habe er es nur aus einem einzigen Grund geschafft: Weil er beschlossen hatte, den Job interessant zu gestalten. Jeden Morgen, ehe er aufbrach, sah er in den Spiegel und redete sich gut zu: ›Kaltenborn, du mußt diese Dinger verkaufen, denn du willst essen. Und wenn du sie schon verkaufen mußt, kannst du dich genausogut dabei ein wenig amüsieren. Stell dir beim Klingeln an der Tür einfach vor, du seist ein Schauspieler auf der Bühne und das Publikum sieht dich erwartungsvoll an. Was du da treibst, ist schließlich genauso lustig, wie auf irgendeiner Bühne Witze zu machen. Warum nicht mit Eifer und Schwung bei der Sache sein?‹

Diese täglichen Ermunterungen halfen ihm, eine anfangs verhaßte Arbeit, vor der er sich auch fürchtete, zu einem spannenden Abenteuer zu machen. Und außerdem verdiente er viel Geld damit.

Als ich H. V. Kaltenborn fragte, ob er für die erfolgshungrigen jungen Leute von heute einen Rat habe, antwortete er: »Ja, sie sollten sich jeden Morgen einen Ruck geben. Wir reden viel von körperlichen Übungen und wie wichtig sie sind, um uns aus dem Halbschlaf zu reißen, in dem so viele von uns umherlaufen. Aber viel dringender wäre es, täglich ein paar geistige und seelische Übungen zu machen, um uns in Gang zu bringen. Sagen wir uns jeden Tag ein paar aufmunternde Worte.«

Ist das verrückt, oberflächlich, kindisch? Nein, im Gegenteil, es ist sehr vernünftig, beste angewandte Psychologie. ›Unser Leben ist das Produkt unserer Gedanken.‹ Diese Worte sind heute noch so wahr wie vor achtzehnhundert Jahren, als Mark Aurel sie in seinen *Selbstbetrachtungen* zum erstenmal niederschrieb: ›Unser Leben ist das Produkt unserer Gedanken.‹

Wenn Sie jede Stunde am Tag mit sich reden, können Sie sich so beeinflussen, daß Sie mutige und glückliche Gedanken denken, Gedanken an Kraft und Frieden. Wenn Sie sich selbst erzählen, für wie viele Dinge Sie dankbar sein müssen, können Sie Ihren Geist mit erhebenden, fröhlichen Gedanken füllen.

Denken Sie die richtigen Gedanken, und Ihre Arbeit – jede Arbeit – wird weniger unerfreulich sein. Ihr Chef möchte, daß Sie Ihren Job interessant finden, damit er mehr Geld verdienen kann. Doch vergessen wir einmal die Wünsche des Chefs. Überlegen wir doch, was wir für uns selbst erreichen, wenn wir unserer Arbeit positiv gegenüberstehen. Denken Sie immer daran, daß Sie dadurch doppelt soviel Spaß am Leben haben können, denn die Hälfte Ihrer wachen Stunden verbringen Sie bei Ihrer Arbeit, und wenn Sie in Ihrer Arbeit keine Erfüllung finden, finden Sie sie vielleicht nirgends. Erinnern Sie sich immer wieder daran, daß das Interesse an Ihrer Arbeit Sie von Ihren Sorgen ablenkt und Ihnen auf die Dauer gesehen vielleicht eine Beförderung und ein besseres Gehalt einbringt. Auf jeden Fall werden Sie auf diese Weise Ihre Müdigkeit auf ein Minimum beschränken und Ihre Mußestunden mehr genießen.

☐ Machen Sie Ihre Arbeit mit Begeisterung.

5. Würden Sie für eine Million Dollar hergeben, was Sie haben?

Ich kenne Harold Abbott seit Jahren. Er wohnte in Webb City, Missouri, und war lange Organisator meiner Vortragsreisen. Einmal trafen wir uns in Kansas City. Er fuhr mich hinunter zu meiner Farm in Belton, das auch in Missouri liegt. Während der Fahrt fragte ich ihn, wie er es schaffe, sich keine Sorgen zu machen. Da erzählte er mir eine interessante Geschichte, die mir unvergeßlich ist.

»Ich habe mir immer einen Haufen Sorgen gemacht«, sagte er. »Bis ich einmal im Frühling in Webb City die West Dougherty Street entlangging. Da hatte ich ein Erlebnis, das mich alle Sorgen vergessen ließ. Es dauerte nicht länger als zehn Sekunden, aber in diesen zehn Sekunden lernte ich mehr über das Leben als in den zehn Jahren davor. Ich besaß damals einen Lebensmittelladen«, erzählte Harold Abbott weiter. »Doch am vorangegangenen Samstag war es damit aus gewesen. Ich hatte meine ganzen Ersparnisse aufgebraucht und außerdem noch viele Schulden gemacht. Ich schuftete sieben Jahre, um sie zurückzuzahlen. Jetzt war ich auf dem Weg zur Bank, um mir Geld zu leihen, damit ich nach Kansas City fahren konnte, weil ich hoffte, dort Arbeit zu finden. Ich ging wie ein Mensch, der erledigt ist. Ich hatte all meinen Glauben, jede Zuversicht verloren. Dann sah ich plötzlich einen Mann auf mich zukommen. Er hatte keine Beine und saß auf einem hölzernen Brett mit Rollschuhrollen daran. In den Händen hielt er dicke Holzstücke, mit denen er sich abstieß. Er hatte gerade die Kreuzung überquert und mußte sein Brett vorne etwas anheben, um auf den Gehweg zu gelangen. Während er sich geschickt hinaufbalancierte, trafen sich unsere Blicke. Er grüßte mich mit einem breiten Lächeln. ›Guten Morgen, Sir. Ein schöner Morgen, was?‹ sagte er fröhlich. Während ich dastand und ihm nachstarrte, erkannte ich plötzlich, wie reich ich war. Ich hatte zwei Beine! Ich konnte gehen! Ich schämte mich über mein Selbstmitleid. Ich sagte mir, wenn der Mann dort fröhlich und zuversichtlich und glücklich sein kann, obwohl er keine Beine hat, dann muß ich das erst recht können. Ich glaubte schon fast zu spüren, wie sich meine Brust hob. Ich hatte die Bank um hundert Dollar anpumpen wollen. Jetzt hatte ich den Mut, zweihundert zu verlangen. Ich hatte sagen wollen, daß ich *versuchen* würde, einen Job zu finden, jetzt erklärte ich optimistisch, ich würde nach Kansas City fahren, weil ich dort Arbeit *bekäme*. Man gab mir die zweihundert Dollar Kredit. Und ich fand auch Arbeit.

Jetzt klebt an meinem Badezimmerspiegel ein Zettel, den ich jeden Morgen beim Rasieren betrachte. Es steht folgender Spruch darauf:

> Das Leben war trübe, und Dollar
> hatte ich keine,
> Da traf ich auf der Straße einen Mann
> ohne Beine.«

Eddie Rickenbacker trieb einmal zusammen mit anderen Schiffbrüchigen 21 Tage lang in Schlauchbooten auf dem Pazifik, ehe sie aufgefischt wurden. Ich fragte ihn, was für einen Einfluß dieses Abenteuer auf sein Leben gehabt habe. »Ich habe vor allem daraus gelernt«, sagte er, »daß man sich niemals über irgend etwas beklagen sollte, solange man genug frisches Wasser zum Trinken und genug Brot zum Essen hat.«

Das Magazin *Time* brachte einmal einen Bericht über einen Unteroffizier, der auf Guadelcanal verwundet worden war. Ein Granatsplitter hatte ihn an der Kehle getroffen. Er bekam sieben Bluttransfusionen. »Bleibe ich am Leben?« schrieb er auf einen Zettel. Der Arzt bejahte. »Werde ich wieder sprechen können?« schrieb der Unteroffizier. Wieder war die Antwort. »Ja!« Da kritzelte der Unteroffizier folgenden Kommentar auf seinen Zettel: »Verdammt noch mal, worüber mache ich mir dann eigentlich Sorgen?«

Warum machen Sie nicht auch einmal eine Pause und fragen sich: »Verdammt noch mal, worüber mache ich mir eigentlich Sorgen?« Vermutlich werden Sie feststellen, daß etwas verhältnismäßig Unwichtiges und Unbedeutendes dahintersteckt.

Etwa neunzig Prozent aller Dinge in unserem Leben sind in Ordnung, nur etwa zehn Prozent sind es nicht. Wenn wir glücklich sein wollen, brauchen wir uns nur auf diese neunzig Prozent zu konzentrieren und die zehn, die nicht in Ordnung sind, nicht zu beachten. Wenn wir aber verbittert und ängstlich sein und ein Magengeschwür bekommen wollen, müssen wir es genau umgekehrt machen und nur die zehn Prozent sehen, die nicht so sind, wie wir es uns wünschen. Die Worte ›Denke und danke‹ stehen in vielen englischen Kirchen aus der Zeit Cromwells. Auch wir sollten sie immer in unserem Herzen bewahren. Denken wir an all das, wofür wir dankbar sein müssen, und danken wir Gott für alle Gaben und Wohltaten!

Jonathan Swift, der Autor von *Gullivers Reisen,* war der schlimmste Pessimist, den die englische Literatur kennt. Er bedauerte so sehr, geboren worden zu sein, daß er

Schwarz trug und an seinem Geburtstag fastete. Dennoch pries er die großen heilenden Kräfte der Heiterkeit und des Glücklichseins. »Die besten Ärzte der Welt«, erklärte er, »sind Dr. Essen, Dr. Ruhe und Dr. Fröhlich.«

Sie und ich können »Dr.Fröhlichs« Hilfe alle Stunden am Tag umsonst haben, wenn wir uns auf die unglaublichen Reichtümer konzentrieren, die wir besitzen – Reichtümer, die viel bedeutender sind als die märchenhaften Schätze von Ali Baba. Würden Sie Ihre Augen für eine Milliarde Dollar verkaufen? Wieviel würden Sie für Ihre beiden Beine haben wollen? Und Ihre Hände? Ihr Gehör? Ihre Kinder? Ihre Familie? Zählen Sie Ihre Aktivaposten einmal zusammen, und Sie werden feststellen, daß Sie sie für alles Gold der Rockefellers, der Fords und der Morgans zusammen nicht hergeben würden.

Doch wissen wir sie zu schätzen? O nein! Wie Schopenhauer sagte: »Wir denken selten an das, was wir haben, sondern immer nur an das, was uns fehlt.« Ja, unsere Tendenz, immer an das zu denken, was wir nicht besitzen, ist die größte Tragödie auf dieser Erde. Vielleicht ist sie an mehr Elend schuld als alle Kriege und Krankheiten der Geschichte.

Sie war auch der Grund, warum John Palmer zu einem alten Nörgler wurde und seine Ehe fast kaputtmachte. Ich weiß es, denn er hat es mir selbst erzählt.

»Kurz nach meiner Entlassung aus der Armee«, sagte er, »gründete ich meine eigene Firma. Ich arbeitete Tag und Nacht. Anfangs lief alles wie am Schnürchen, dann gab es Schwierigkeiten. Ich konnte kein Material, keine Ersatzteile bekommen. Ich hatte Angst, alles aufgeben zu müssen. Ich machte mir so viele Sorgen, daß ich ein richtiger alter Nörgler wurde, immer übelnehmerisch und verärgert – na ja, damals wußte ich das natürlich noch nicht. Aber heute ist mir klar, daß ich beinahe kein glückliches Zuhause mehr gehabt hätte. Dann sagte eines Tages ein junger Kriegsversehrter, der bei mir arbeitete: ›Du solltest dich was schämen, Johnny! Du benimmst dich, als wärst du der einzige Mensch auf dieser Welt, der Sorgen hat. Angenommen, du mußt tatsächlich für eine Weile schließen – na und? Wenn sich die Dinge normalisiert haben, kannst du wieder weitermachen. Du hast eine Menge, wofür du dankbar sein solltest. Aber nein – du meckerst nur immer! Mein Gott, ich wünschte, ich wäre an deiner Stelle! Sieh mich mal an! Ich habe nur noch einen Arm, das halbe Gesicht wurde mir weggeschossen, und trotzdem beklage ich mich nicht. Wenn du nicht aufhörst zu meckern und zu schimpfen, wirst du nicht nur deine Firma verlieren, sondern auch deine Gesundheit, dein Zuhause und deine Freunde!‹

Seine Worte trafen mich wie ein Schlag. Mir wurde klar, wie gut ich es eigentlich hatte. In jenem Augenblick beschloß ich, mich zu ändern und wieder zu werden wie früher – ein netter, ordentlicher Kerl. Und ich schaffte es.«

Bei einer Freundin von mir, Lucile Blake, wäre es beinahe zu einer Katastrophe gekommen, ehe sie lernte, mit dem glücklich und zufrieden zu sein, was sie besaß, und nicht darüber nachzugrübeln, was ihr fehlte.

Ich lernte Lucile vor Jahren kennen, als wir beide an der Columbia-Universität studierten und Vorlesungen über das Schreiben von Kurzgeschichten besuchten. Später, als sie in Tucson in Arizona wohnte, erlebte sie den Schock ihres Lebens. Damals – doch lassen wir sie die Geschichte selbst erzählen:

»Damals waren meine Tage voll Hektik. Ich studierte Orgel an der Universität von Arizona, leitete in der Stadt ein Sprechzentrum und gab auf der ›Desert Willow Ranch‹, auf der ich wohnte, Musikunterricht. Dazu nichts als Partys, Tanzereien, nächtliche Ausritte. Eines Morgens klappte ich zusammen – mein Herz! ›Sie müssen ein

Jahr im Bett bleiben und dürfen sich nicht aufregen!‹ erklärte der Arzt. Er machte mir keine Hoffnungen, daß ich je wieder ganz gesund und kräftig werden würde.

Ein Jahr im Bett bleiben! Nie wieder gesund werden – vielleicht sogar sterben! Ich war außer mir vor Entsetzen! Warum mußte das gerade mir passieren? Womit hatte ich das verdient? Ich jammerte und weinte. Ich rebellierte und wütete. Doch ich blieb im Bett, wie der Arzt es mir geraten hatte. Ein Nachbar, Rudolf, ein Maler, sagte zu mir: ›Du glaubst, ein Jahr im Bett zu liegen sei eine Tragödie. Aber es stimmt nicht. Endlich hast du Zeit, über dich nachzudenken und dich wirklich kennenzulernen. Du wirst in den nächsten Monaten geistig mehr wachsen als in deinem ganzen bisherigen Leben.‹ Ich beruhigte mich etwas und versuchte, alle Dinge und ihren Wert neu zu sehen. Ich las viele gute Bücher. Eines Tages sagte ein Rundfunkkommentator: ›Sie können nur das ausdrücken, was in Ihrem eigenen Bewußtsein ist.‹ Solche Worte hatte ich schon oft gehört, doch jetzt berührten sie mich tief und schlugen Wurzeln. Ich beschloß, nur noch positive Gedanken zu denken und danach zu leben: Gedanken der Freude, des Glücks, der Gesundheit. Ich zwang mich, jeden Morgen sofort nach dem Aufwachen, alle Dinge aufzuzählen, für die ich dankbar sein mußte: keine Schmerzen, eine reizende kleine Tochter, meine Sehkraft, mein Gehör. Schöne Musik im Radio. Zeit zum Lesen. Gutes Essen. Liebe Freunde. Ich war so heiter, und es kamen so viele Besucher, daß der Arzt ein Schild an meinem Häuschen anmachte, daß ich nur einen Besucher gleichzeitig haben dürfe und auch nur zu bestimmten Stunden.

Seitdem sind viele Jahre vergangen, und heute führe ich ein reiches, aktives Leben. Ich bin für jenes Jahr, das ich im Bett verbringen mußte, tief dankbar. Es war die wichtigste und glücklichste Zeit in Arizona. Die Gewohnheit von damals, jeden Morgen meine Reichtümer zu zählen, ist mir geblieben. Sie ist für mich etwas sehr Wichtiges und Kostbares. Ich erkenne heute beschämt, daß ich erst wirklich zu leben lernte, als ich dachte, sterben zu müssen.«

Liebe Lucile, vielleicht ist es dir nicht bewußt, aber du hast die gleiche Erfahrung gemacht, die Dr. Samuel Johnson zweihundert Jahre früher machte. »Die Gewohnheit, allen Dingen eine gute Seite abzugewinnen«, sagte er, »ist mehr wert als tausend Pfund im Jahr.«

Bedenken Sie, daß diese Worte nicht von einem Berufsoptimisten stammen, sondern von einem Mann, der zwanzig Jahre voll Angst, Hunger und Not durchmachte – und schließlich einer der bedeutendsten Schriftsteller seiner Generation und der gefeiertste Erzähler aller Zeiten wurde.

Logan Pearsall Smith packte viel Weisheit in wenig Worte, als er sagte: »Zwei Ziele gibt es im Leben: zu bekommen, was man sich wünscht, und es dann zu genießen. Nur den Weisesten unter uns gelingt das letztere.«

Möchten Sie wissen, wie man sogar das Abwaschen in der Küche zu einem aufregenden Erlebnis gestalten kann? Wenn ja, dann lesen Sie das unglaublich ermutigende Buch von Borghild Dahl. Es heißt *Ich wollte sehen.*

Es ist das Buch einer Frau, die ein halbes Jahrhundert praktisch blind war. »Ich hatte nur ein Auge«, schreibt sie, »und das war mit so vielen Narben bedeckt, daß ich nur durch einen engen Spalt in der linken Seite sehen konnte. Ich konnte zum Beispiel ein Buch nur lesen, wenn ich es mir nahe ans Gesicht hielt und so weit wie möglich mit meinem einen Auge nach links schielte.«

Doch sie wollte kein Mitleid, sie wollte nicht als Ausnahme behandelt werden. Als Kind hätte sie mit den andern gern Himmel und Hölle gespielt, doch sie konnte die Striche nicht erkennen. Als einmal die anderen Kinder nach Hause gegangen waren, kroch sie auf Händen und

Füßen an den Strichen entlang, das Gesicht dicht am Boden. Sie prägte sich jede Unebenheit, jedes besondere Merkmal genau ein und hüpfte bald ebenso geschickt von Kästchen zu Kästchen wie ihre Spielkameraden. Sie machte ihre Leseübungen zu Hause und hielt sich das großgedruckte Buch so dicht vor die Nase, daß ihre Wimpern die Seiten berührten. Sie studierte Literatur an der Universität von Minnesota und an der Columbia- Universität und machte dort auch ihr Examen.

In einem winzigen Ort in Minnesota fing sie als Lehrerin an und wurde später Professorin für Journalismus und Literatur an einem College. Sie lehrte dreizehn Jahre, sprach in Frauenklubs und im Radio über Bücher und Schriftsteller. »In meinem Hinterkopf«, schreibt sie, »lauerte die ständige Angst, blind zu werden. Um dagegen anzukämpfen, hatte ich mir eine heitere, fast vergnügte Art, das Leben zu betrachten, angewöhnt.«

Dann, als sie 52 Jahre alt war, geschah ein Wunder: Durch eine Operation in der berühmten Mayo-Klinik konnte sie vierzigmal besser sehen, als sie je gesehen hatte.

Eine neue und faszinierende schöne Welt tat sich vor ihr auf. Sogar das Abwaschen in der Küche war aufregend. »Ich fange an, mit dem leichten weißen Schaum im Topf zu spielen«, schreibt sie. »Ich tauche meine Hände hinein und hebe eine Kugel von winzigen Seifenblasen heraus. Ich halte sie gegen das Licht, und in jeder winzigen Seifenblase erkenne ich die leuchtenden Farben eines winzigen Regenbogens.«

Als sie aus dem Fenster über dem Spülbecken in der Küche sah, beobachtete sie die »flatternden grauschwarzen Flügel der Spatzen, die durch den dicken fallenden Schnee fliegen«.

Sie war so außer sich vor Entzücken über die schillernden Seifenblasen und die Spatzen vor dem Fenster, daß sie ihr Buch mit folgenden Worten schloß: »Mein Gott, flüsterte ich, Vater im Himmel, ich danke dir, ich danke dir!«

Stellen Sie sich vor, Sie würden Gott danken, weil Sie abwaschen können und Regenbogen in Seifenblasen sehen und Spatzen, die durch den Schnee fliegen!

Sie und ich – wir sollten uns schämen! Alle Tage unseres Lebens haben wir in einem Feenreich der Schönheit gelebt, doch wir waren zu blind, um es zu sehen, zu übersättigt, um uns daran zu erfreuen.

☐ Zählen Sie die Geschenke – nicht die Probleme!

6. Vergessen Sie nicht:
   Einen toten Hund tritt man nie

Im Jahr 1929 geschah ein Ereignis, das in Schul- und Universitätskreisen des Landes eine Sensation war. Gelehrte aus allen Teilen der Vereinigten Staaten eilten nach Chicago, um Zeuge des Geschehens zu sein. Einige Jahre zuvor war ein junger Mann namens Robert Maynard Hutchins in Yale gewesen, der sich sein Studium als Kellner, Holzfäller, Nachhilfelehrer und Wäscheleinenverkäufer finanziert hatte. Jetzt, nur acht Jahre später, wurde er als Rektor der viertreichsten Universität von Amerika, der Universität von Chicago, in sein Amt eingeführt. Sein Alter? Dreißig Jahre. Unglaublich! Die älteren Professoren schüttelten die Köpfe. Kritik prasselte wie eine Steinlawine auf diesen »Wunderknaben« herab. Er sei dies, und er sei das – zu jung, zu unerfahren –, seine Bildungsvorstellungen seien lächerlich. Sogar die Zeitungen schlossen sich den Angriffen an.

Am Tag der Amtseinsetzung sagte ein Freund zu Hutchins' Vater: »Ich war entsetzt, als ich heute morgen den gemeinen Zeitungskommentar über Ihren Sohn las.«

»Ja«, antwortete Hutchins der Ältere, »es war schlimm. Aber vergessen Sie nicht: Einen toten Hund tritt man nie.«

Ja, und je bedeutender ein Hund ist, desto mehr Spaß haben die Leute daran, ihn zu treten. Der Prinz von Wales, der spätere Edward VIII. von England, bekam dies am eigenen Hosenboden zu spüren. Zu jener Zeit besuchte er das Dartmouth College in Devonshire, es entspricht ungefähr unserer Marineakademie von Annapolis. Der Prinz war vierzehn. Da erwischte ihn ein Marineoffizier eines Tages dabei, wie er heulte, und fragte ihn, was los sei. Der Prinz wollte nicht mit der Sprache herausrücken, doch schließlich sagte er, er sei von den Kadetten in den Hintern getreten worden. Der Leiter der Schule, ein Admiral, rief die Jungen zusammen und erklärte ihnen, der Prinz habe sich nicht bei ihm beschwert, sondern er persönlich wolle nur wissen, warum man gerade beim Prinzen solche rauhen Methoden ausprobiere.

Nach vielem Herumstottern und Füßescharren gestanden die Kadetten: Wenn sie selbst einmal Admiräle und Kapitäne sein würden, wollten sie erzählen können, daß sie den König getreten hätten.

Sollten Sie also auch getreten und kritisiert werden, denken Sie immer daran, daß manche Leute dies tun, weil es ihnen ein Gefühl von Wichtigkeit gibt. Vielen Menschen verschafft es eine beinahe grausame Genugtuung, andere, die eine bessere Erziehung haben als sie oder erfolgreicher sind, herunterzumachen. Während ich an diesem Kapitel schrieb, erhielt ich zum Beispiel einen Brief, in welchem General William Booth, der Gründer der Heilsarmee, verleumdet wurde. Ich hatte in einer Rundfunksendung meine Bewunderung für den General ausgesprochen. Und die Verfasserin dieses Briefes erklärte nun, daß der General acht Millionen Dollar des Geldes, das er für die Armen sammelte, gestohlen habe. Die Behauptung war natürlich völlig absurd. Aber dieser Frau ging es gar nicht um die Wahrheit. Es befriedigte einfach ihre niederen Instinkte, jemanden, der weit über ihr stand, mit Schmutz zu bewerfen. Ich beförderte ihren bitterbösen Brief in den Papierkorb und dankte Gott dem

Allmächtigen, daß ich nicht mit ihr verheiratet war. Die Briefschreiberin hatte mir sehr wenig von General Booth verraten, desto mehr von sich selbst. Der große Arthur Schopenhauer meinte zu diesem Thema einmal, daß gewöhnliche Leute großes Vergnügen an den Fehlern und Verrücktheiten bedeutender Menschen hätten.

Man kann den Rektor einer Universität kaum als einen gewöhnlichen Mann bezeichnen. Und doch hat es Timothy Dwight, ehemaliger Rektor der Yale-Universität, offensichtlich großes Vergnügen gemacht, einen Präsidentschaftskandidaten zu verleumden. »Wenn Sie diesen Mann wählen«, warnte er, »können wir erleben, wie unsere Frauen und Töchter Opfer einer legalen Prostitution werden, offen entehrt, schamlos beschmutzt, verstoßen von Tugendhaften und Zartfühlenden, verabscheut von Gott und Menschen.«

Das klingt wie eine Beschreibung von Hitler, nicht wahr? Aber Adolf Hitler war nicht damit gemeint, sondern Thomas Jefferson. Welcher Thomas Jefferson? Sicherlich nicht der *unsterbliche* Thomas Jefferson, der Verfasser der amerikanischen Unabhängigkeitserklärung, der Schutzheilige der Demokratie? O doch, genau dieser Mann war gemeint.

Welcher Amerikaner, glauben Sie, wurde als »Heuchler« bezeichnet, als »Betrüger«, kaum besser als ein »Mörder«? Eine Zeitungskarikatur zeigte ihn unter dem Fallbeil, das jeden Augenblick herabsausen und den Kopf von seinem Körper trennen konnte. Wenn er durch die Straßen ritt, johlte die Menge und verspottete und beschimpfte ihn. Wer er war? George Washington.

Doch das geschah vor langer Zeit. Vielleicht hat sich die menschliche Natur seitdem gebessert. Wollen mal sehen. Nehmen wir den Fall Admiral Pearys, des Forschers, der am 6. April 1909 zur Begeisterung der Welt mit seinen Hundeschlitten den Nordpol erreichte, ein Ziel, für das mutige Männer seit Jahrhunderten gelitten und gehungert hatten und gestorben waren, ohne es je zu erreichen. Peary selbst wäre beinahe vor Hunger und Kälte umgekommen, acht seiner zehn Zehen waren erfroren und mußten abgenommen werden. Er hatte mit so vielen Schwierigkeiten zu kämpfen, daß er beinahe verrückt geworden wäre.

Seine Vorgesetzten in Washington waren eifersüchtig, weil er so bekannt war und gefeiert wurde. Deshalb beschuldigten sie ihn, Geld für wissenschaftliche Expeditionen zu sammeln und dann ›nur in der Arktis herumzusitzen und nichts zu tun‹. Vermutlich glaubten sie dies sogar, denn es ist beinahe unmöglich, nicht zu glauben, was man glauben möchte. Ihr Entschluß, Peary zu demütigen und kaltzustellen, war so groß, daß Peary erst auf eine direkte Anweisung von Präsident McKinley hin seine Arbeit in der Arktis fortsetzen konnte.

Wäre Peary verleumdet worden, wenn er in Washington in der Marineabteilung einen Schreibtischposten gehabt hätte? Nein. Als unauffälliger Beamter hätte er keinen Neid, keine Mißgunst geweckt.

General Grant wurde sogar noch schlimmer mitgespielt als Admiral Peary. 1862 gewann General Grant die erste entscheidende Schlacht für die Nordstaaten, eine Schlacht, die nur einen Nachmittag dauerte und ihn über Nacht zu einem Nationalhelden machte, eine Schlacht, die auch weitreichende Auswirkungen auf das ferne Europa hatte, eine Schlacht, nach der die Glocken läuteten und Freudenfeuer angezündet wurden von Maine bis zum Ufer des Mississippi.

Doch innerhalb sechs Wochen nach diesem großen Sieg wurde Grant – der Held des Nordens – verhaftet, und man nahm ihm seine Armee weg. Er weinte vor Demütigung und Verzweiflung.

Warum wurde General U. S. Grant auf der Höhe seines Ruhms verhaftet? Zum größten Teil, weil er Neid und Eifersucht seiner arroganten Vorgesetzten geweckt hatte.

☐ Ungerechte Kritik ist oft ein verkapptes Kompliment. Vergessen Sie nicht: Einen toten Hund tritt man nie.

7. Befolgen Sie diesen Rat – und Kritik kann Sie nicht mehr treffen

Ich interviewte einmal Generalmajor Smedley Butler. Er hatte den Spitznamen Hell-Devil – Höllenteufel. Erinnern Sie sich noch an ihn? Einer der eigenwilligsten Männer, die je die Marine der Vereinigten Staaten befehligten.

In seiner Jugend, erzählte er mir, sei er versessen darauf gewesen, überall beliebt zu sein. Alle Leute sollten einen guten Eindruck von ihm haben. Schon die leiseste Kritik schmerzte und kränkte ihn. Doch habe er sich in den dreißig Jahren bei der Marine ein dickes Fell zugelegt, gestand er. »Ich wurde beschimpft und beleidigt«, sagte er, »und mieser Kerl, Schlange und Stinktier genannt. Ich wurde verflucht von Leuten, die etwas vom Fluchen verstanden, und mit allen nur erdenklichen Schimpfwörtern belegt, die man im Druck nicht wiedergeben kann. Ob mich das stört? Ha! Wenn ich heute höre, wie jemand auf mich schimpft, drehe ich mich nicht einmal mehr um.«

Vielleicht war der alte Höllenteufel gegen Kritik einfach immun geworden. Eines steht jedenfalls fest: Die meisten von uns nehmen Spott und Sticheleien, mit denen man uns zu treffen versucht, viel zu ernst. Ich erinnere mich noch, wie vor Jahren ein Reporter der New Yorker Zeitung *Sun* einen Informationsabend meiner Erwachsenenbildungskurse besuchte und mich und meine Arbeit in seinem Artikel schlechtmachte. Ob ich mich darüber aufregte? Ich fühlte mich persönlich beleidigt! Ich rief den Vorsitzenden des Verwaltungsrats der Zeitung an und forderte eine Gegendarstellung. Man solle über die Tatsachen berichten, statt über mich zu spotten! Ich wollte erreichen, daß die Strafe dem unerhörten Vergehen entsprechend ausfiele.

Heute schäme ich mich über mein damaliges Benehmen. Inzwischen ist mir klargeworden, daß die Hälfte der Leute, die die Zeitung kaufte, den Artikel gar nicht bemerkte. Für die Hälfte der Leute, die ihn las, war er nur ein Quell unschuldiger Heiterkeit. Und die Hälfte derer, die sich über ihn aufregte, hatte ihn nach ein paar Wochen längst vergessen.

Inzwischen habe ich begriffen, daß die Leute nicht an Sie oder mich denken und wissen wollen, was man über uns redet. Sie denken nur an sich selbst – vor dem Frühstück und nach dem Frühstück und weiter bis zehn Minuten nach Mitternacht. Schon wenn sie nur ein wenig Kopfweh haben, beschäftigt sie das tausendmal mehr, als wenn sie erfahren würden, daß Sie oder ich gestorben sind.

Wenn jeder sechste der besten Freunde von Ihnen oder mir Sie oder mich anlügt, lächerlich macht, hintergeht, in den Rücken fällt oder Sie oder mich im Stich läßt – feiern wir keine Orgien des Selbstmitleids. Denken wir lieber daran, daß Jesus so etwas tatsächlich passierte. Einer seiner zwölf liebsten Freunde wurde aus Geldgier zum Verräter für eine Summe, die nach heutiger Währung ungefähr 19 Dollar betrüge. Ein anderer der zwölf verließ Jesus, als dieser in Not geriet, und behauptete dreimal, daß er Jesus nicht einmal kenne – und beschwor es sogar. Einer von sechs! Das passierte Jesus. Warum sollten Sie oder ich eine bessere Trefferquote erwarten können?

Vor Jahren entdeckte ich, daß ich zwar die Menschen nicht davon abhalten kann, mich ungerechtfertigterweise zu kritisieren, daß ich aber etwas viel Wichtigeres tun konnte: Ich konnte beschließen, ob ich mich davon betroffen fühlen wollte oder nicht.

Eines möchte ich allerdings klarstellen: Ich plädiere nicht dafür, alle Kritik zu ignorieren. Im Gegenteil. Ich spreche nur von der *unbilligen Kritik*. Ich fragte einmal Eleanor Roosevelt, wie sie es denn damit halte – und Allah weiß, sie hatte eine Menge einzustecken. Wahrscheinlich hatte sie mehr gute Freunde und mehr erbitterte Feinde als jede andere Frau, die je im Weißen Haus wohnte.

Als junges Mädchen sei sie fast krankhaft scheu gewesen, sagte sie zu mir, und habe sich gefürchtet, was die Leute über sie reden könnten. Sie hatte solche Angst davor, daß sie eines Tages ihre Tante, Theodore Roosevelts Schwester, um Rat fragte. »Tante Bye, ich würde gern das und das machen, aber ich möchte deswegen nicht kritisiert werden.«

Teddy Roosevelts Schwester sah ihr in die Augen und antwortete: »Was die Leute reden, kann dir gleich sein, solange du aus tiefstem Herzen überzeugt bist, daß du recht hast.« Eleanor Roosevelt erzählte mir, daß dieser Rat später, als sie im Weißen Haus leben mußte, ihr ›Felsen von Gibraltar‹ war. Sie erklärte, man könne Kritik nur ertragen, indem man unberührt bleibe wie eine Figur aus Meißner Porzellan auf einem Regal. »Tun Sie, was Sie im Grunde Ihres Herzens für richtig halten – denn kritisiert werden Sie sowieso. Sie werden verurteilt, wenn Sie's tun, und wenn Sie's nicht tun, werden Sie auch verurteilt.« Das ist ihr Rat.

Als der verstorbene Matthew C. Brush noch Generaldirektor der American International Corporation war, fragte ich·ihn, ob er je gegen Kritik empfindlich gewesen sei, und er antwortete: »Ja, am Anfang sehr. Ich wollte unbedingt, daß alle Angestellten mich für perfekt hielten, und machte mir deswegen immer Sorgen. Wenn sich jemand über mich beschwerte, bemühte ich mich, ihm zu gefallen. Aber durch meine Beschwichtigungsmanöver fühlte sich jemand anders beleidigt, und wenn ich diesen dann umzustimmen versuchte, scheuchte das ein paar andere Hummeln auf. Schließlich fand ich folgendes heraus: Je mehr ich mich bemühte, Frieden zu stiften und verletzte Gefühle zu beschwichtigen, um persönlicher Kritik zu entgehen, desto mehr Feinde machte ich mir. Deshalb sagte ich mir eines Tages: ›Wenn du deinen Kopf zu weit vorstreckst, wirst du eben kritisiert. Also finde dich damit ab.‹ Das half mir außerordentlich. Von da an machte ich es mir zum Prinzip, mein Bestes zu tun und dann meinen alten Regenschirm aufzuspannen, damit der Regen der Kritik daran herunterlief und mir nicht in den Kragen tropfte.«

Deems Taylor ging sogar noch einen Schritt weiter: Er ließ sich den Regen der Kritik in den Kragen laufen und lachte noch darüber – in aller Öffentlichkeit. Im Rundfunkkonzert der New Yorker Philharmoniker am Sonntagnachmittag las er in der Pause als Kritiker seinen Kommentar dazu und erhielt von einer Hörerin einen Brief, in dem sie ihn einen »Lügner, Verräter, eine Schlange und einen Trottel« nannte. In seinem Buch *Der wohltemperierte Zuhörer* schreibt Deems Taylor: »Ich habe den Verdacht, daß sie meine Kritik nicht mochte.« In der Sendung am nächsten Sonntag las Taylor diesen Brief Millionen von Hörern vor – und bekam ein paar Tage später einen zweiten Brief von der Dame, »in welchem sie weiter zu ihrer Meinung stand«, sagte Deems Taylor, »daß ich ein Lügner, ein Verräter, eine Schlange und ein Trottel sei«.

Einem Mann, der so auf boshafte Kritik reagiert, können wir Bewunderung nicht versagen. Wir bewundern seine Heiterkeit und Unerschütterlichkeit und seinen Sinn für Humor.

In einem Vortrag, den der Großindustrielle Charles Schwab vor den Studenten von Princeton hielt, erzählte er, daß ein alter deutscher Mann, der in seinem Stahlwerk arbeitete, ihm eine der wichtigsten Lektionen seines Lebens beigebracht habe. Der Deutsche geriet mit Kollegen in einen heftigen Streit über den Krieg und wurde in den Fluß geworfen. »Als er in mein Büro kam«, sagte Charles Schwab, »naß und voller Schlamm, fragte ich ihn, was er zu den Männern gesagt habe, die ihn in den Fluß warfen, und er antwortete: ›Ich habe nur gelacht.‹«

Diese Worte habe er sich dann zum Wahlspruch genommen, erklärte Schwab. »Einfach lachen.«

Wenn man das Opfer ungerechter Kritik ist, ist so ein Motto besonders nützlich. Einem Menschen, der einem antwortet, kann man wieder eine Antwort geben, doch was kann man sagen, wenn der andere »einfach lacht«?

Abraham Lincoln hätte vielleicht im Bürgerkrieg nicht allen Belastungen standgehalten, wenn er nicht erkannt haben würde, daß es verrückt gewesen wäre, auf alle bösartigen Verleumdungen seiner Person zu reagieren. Seine Schilderung, wie er mit Kritik fertig wurde, ist eine literarische Kostbarkeit – ein Klassiker. General MacArthur hatte sie im Krieg im Hauptquartier über seinem Schreibtisch hängen, und Winston Churchill ließ die Worte einrahmen und hängte sie in seinem Arbeitszimmer in Chartwell an die Wand. Sie lauten wie folgt:

»Wenn ich alle Angriffe auf mich lesen oder gar beantworten wollte, könnte ich mein Geschäft ebensogut schließen. Ich gebe mein Bestes, und das, was ich kann, tue ich so gut wie möglich. Und ich werde unbeirrt so weitermachen, bis zum Schluß. Wenn sich dann erweist, daß ich recht hatte, ist alles gegen mich Gesagte unwichtig. Sollte sich jedoch erweisen, daß ich mich irrte, können auch zehn Engel, die meine Gutgläubigkeit beschwören, dies nicht ändern.«

☐ Tun Sie Ihr Bestes – und dann spannen Sie Ihren alten Regenschirm auf, damit der Regen der Kritik Ihnen nicht hinten in den Kragen läuft.

Zusammenfassung der Regeln aus »Sorge dich nicht – lebe!«

1. Ahmen Sie niemand nach. Stehen Sie zu sich selbst.

2. Eignen Sie sich folgende vier gute Arbeitsgewohnheiten an:

   a) Räumen Sie alle Papiere von Ihrem Schreibtisch, die nicht unmittelbar zu Ihrer augenblicklichen Arbeit gehören.

   b) Tun Sie die Dinge in der Reihenfolge ihrer Wichtigkeit.

   c) Wenn Sie ein Problem haben, lösen Sie es sofort, falls Sie die zur Entscheidung nötigen Informationen haben.

   d) Lernen Sie zu organisieren, zu delegieren und zu beaufsichtigen.

3. Lernen Sie, sich bei Ihrer Arbeit zu entspannen.

4. Machen Sie Ihre Arbeit mit Begeisterung.

5. Zählen Sie die Geschenke – nicht die Probleme.

6. Denken Sie daran: Ungerechte Kritik ist oft ein verkapptes Kompliment.

7. Tun Sie Ihr Bestes.

Vierzehn Grundregeln für
den Umgang mit Menschen

Auszüge aus
»Wie man Freunde gewinnt«

»Wie man Freunde gewinnt« ist ein Buch über zwischenmenschliche Beziehungen – über den Umgang mit Menschen, über die Notwendigkeit, Freunde zu haben, will man ein erfülltes Leben führen. Der Versuchung widerstehen, zu kritisieren, und sich angewöhnen, zu loben und aufrichtige Wertschätzung zu zeigen, wird mehr als alles andere dazu beitragen, Freunde zu gewinnen. Dieselben Dinge, die uns im öffentlichen Leben glücklich machen, werden uns auch zu einem glücklichen häuslichen Leben verhelfen – und das braucht jeder Mann und jede Frau.

1. Wer den Honig will, muß der Biene Sumsum leiden

Am 7. Mai 1931 erlebte die Stadt New York die bis dahin größte Menschenjagd ihrer Geschichte. Nach wochenlanger Fahndung war man ›Doppelschuß‹-Crowley – dem Mörder und Revolverhelden, der weder trank noch rauchte – endlich auf den Fersen. In der Wohnung seiner Geliebten war er der Polizei in die Falle gegangen.

Hundertfünfzig Polizisten und Detektive belagerten sein Versteck in der obersten Etage des Hauses. Sie schlugen Löcher ins Dach und versuchten Crowley, den ›Polypen-Killer‹, mit Tränengas auszuräuchern. Dann postierten sie ihre Maschinengewehre auf den umliegenden Gebäuden, und über eine Stunde lang widerhallte eines der vornehmsten Wohnviertel der Stadt vom Knallen der Pistolenschüsse und Rattern der Maschinengewehre. Crowley, der sich hinter einem Polsterstuhl verschanzt hatte, feuerte ohne Unterlaß auf die Polizei. Zehntausend Menschen folgten aufgeregt dem Verlauf dieser erbitterten Schlacht. Noch nie hatte man in den Straßen von New York ähnliches erlebt.

Als man Crowley schließlich dingfest gemacht hatte, erklärte der Polizeikommissar, es handle sich um einen der gefährlichsten Verbrecher, den New York je gesehen habe. »Er schießt, wenn eine Maus raschelt.«

Was aber dachte Crowley von sich selbst? Während die

Polizei in sein Versteck hineinfeuerte, schrieb er einen Brief »An alle, die es angeht«. Während er schrieb, floß das Blut aus seinen Schußwunden und hinterließ eine rote Spur auf dem Papier. In Crowleys Brief stand: »In meiner Brust schlägt ein müdes, aber gütiges Herz – ein Herz, das niemandem Unrecht tun könnte.«

Kurze Zeit zuvor hatte Crowley auf einer ländlichen Straße draußen in Long Island mit seiner Freundin ein Schäferstündchen abgehalten. Unverhofft kam ein Polizist auf seinen geparkten Wagen zu und sagte: »Lassen Sie mich doch mal Ihren Führerschein sehen.«

Ohne ein Wort zog Crowley den Revolver und streckte den Polizisten mit einem Bleihagel nieder. Als der Mann, tödlich getroffen, hinfiel, sprang Crowley aus dem Wagen, nahm ihm den Revolver ab und feuerte noch einen letzten Schuß in den hingestreckten Körper. Das war der Killer, der behauptete: »In meiner Brust schlägt ein müdes, aber gütiges Herz – ein Herz, das niemandem Unrecht tun könnte.«

Crowley wurde zum Tod auf dem elektrischen Stuhl verurteilt. Als er in der Todeszelle von Sing Sing ankam, sagte er aber nicht etwa: »Das habe ich nun davon, daß ich Menschen umgebracht habe.« Nein, er sagte: »Das habe ich nun davon, daß ich mich verteidigt habe.«

Die Moral von der Geschichte: Crowley fühlte sich nicht im geringsten schuldig.

Wenn Sie meinen, das sei eine für einen Verbrecher eher ungewöhnliche Haltung, dann lesen Sie einmal die folgenden Sätze: »Ich habe meine besten Jahre damit zugebracht, meinen Mitmenschen Freude zu bereiten, damit sie im Leben ein bißchen Spaß haben. Zum Dank dafür werde ich nun beschimpft und verfolgt.«

Diese Worte sprach Al Capone, einst Amerikas bekanntester Staatsfeind – der gefährlichste Gangsterchef, den Chicago je gekannt hatte. Capone war sich keiner

Schuld bewußt. Er sah sich im Gegenteil als öffentlicher Wohltäter – als verkannter und mißverstandener Wohltäter allerdings.

Das gleiche dachte Dutch Schultz, ehe er in Newark unter den Kugeln anderer Gangster zusammenbrach. Schultz, einer der berüchtigsten Halunken von New York, bezeichnete sich in einem Zeitungsinterview als öffentlichen Wohltäter. Und er glaubte durchaus, was er sagte.

Ich habe über dieses Thema mit einem Direktor von Sing Sing eine interessante Korrespondenz geführt. Er erklärte mir in einem seiner Briefe: »Nur wenige Verbrecher in Sing Sing halten sich für schlecht. Sie betrachten sich als Menschen wie Sie oder ich. Sie sind jederzeit mit Erklärungen und Begründungen zur Hand. Jeder kann Ihnen haargenau sagen, warum er einen Safe knacken oder den Revolver ziehen mußte. Die meisten versuchen ihre asoziale Handlungsweise durch mehr oder weniger fadenscheinige Argumente sogar vor sich selbst zu rechtfertigen und sind überzeugt, daß man sie nie hätte einsperren dürfen.«

Wenn schon Al Capone, Crowley, Dutch Schultz und all die Männer und Frauen hinter Gefängnismauern sich nichts vorzuwerfen haben – wie steht es denn da erst mit jenen Leuten, mit denen wir täglich verkehren?

Der Unternehmer John Wanamaker sagte einmal: »Ich habe schon vor dreißig Jahren gelernt, daß es dumm ist, andere Leute zu kritisieren. Ich habe genug Verdruß mit meiner eigenen Beschränktheit, ohne mich noch darüber aufzuregen, daß der liebe Gott es offensichtlich nicht für richtig hielt, alle Menschen mit gleich viel Intelligenz auszustatten.«

Wanamaker kam schon früh zu dieser Erkenntnis, während ich selbst erst ein Dritteljahrhundert lang auf dieser alten Erde umhertappen mußte, bevor mir endlich dämmerte, daß in neunundneunzig von hundert Fällen kein Mensch sich jemals selbst beschuldigt, mag er auch noch so sehr im Unrecht sein.

Kritik ist nutzlos, denn sie drängt den andern in die Defensive, und gewöhnlich fängt er dann an, sich zu rechtfertigen. Kritik ist gefährlich, denn sie verletzt den Stolz des andern, kränkt sein Selbstgefühl und erweckt seinen Unmut.

Der weltberühmte Psychologe und Verhaltensforscher B. F. Skinner bewies durch seine Versuche, daß ein Tier, das für gutes Benehmen belohnt wird, viel schneller lernt und das Gelernte weitaus besser behält als ein Tier, das für schlechtes Benehmen bestraft wird. Spätere Untersuchungen haben gezeigt, daß das gleiche auch für die Menschen gilt. Durch Kritisieren erzielen wir keine nachhaltige Besserung und erregen oft Unmut.

Hans Selye, der österreichisch-kanadische Mediziner und Biochemiker, sagte: »So sehr wir nach Anerkennung dürsten, so sehr fürchten wir Mißbilligung.«

Die Verstimmung, die durch Kritik entsteht, entmutigt Angestellte, Familienangehörige und Freunde womöglich nur und ändert doch nichts an der Situation, die beanstandet wird.

George B. Johnston ist Sicherheitsingenieur eines Bauunternehmens in Oklahoma, und es gehört zu seinen Aufgaben, dafür zu sorgen, daß die Angestellten und Arbeiter Helme tragen, wenn sie auf der Baustelle sind. Er erzählte, daß er früher jedesmal, wenn er einen Arbeiter ohne Helm sah, mit autoritärer Stimme die Vorschriften zitiert und deren Einhaltung verlangt hatte. Mit dem Resultat, daß die Leute widerwillig gehorchten und die Helme oft gleich wieder ablegten, sobald er verschwunden war.

Da beschloß er, die Sache anders anzugehen. Als er wieder einige Arbeiter ohne Helm sah, fragte er sie, ob die Helme unbequem seien oder nicht richtig paßten. Dann erinnerte er sie in freundlichem Ton daran, daß der Helm dazu da sei, sie vor Verletzungen zu schützen, und schlug vor, ihn zur Arbeit regelmäßig zu tragen. Das Ergebnis war, daß die Vorschriften fortan vermehrt befolgt wurden, ohne daß es darüber zu Groll oder Verstimmung kam.

Man findet in der Geschichte zu Tausenden Beispiele von sinnloser Kritik. Nehmen wir nur einmal den berühmten Streit zwischen Theodore Roosevelt und Präsident Taft – ein Streit, der die Republikanische Partei aufspaltete und Woodrow Wilson ins Weiße Haus brachte und den ganzen Verlauf der Geschichte änderte. Folgendes war passiert: Als Theodore Roosevelt im Jahre 1908 das Weiße Haus verließ, unterstützte er die Kandidatur von Taft. Taft wurde zum Präsidenten gewählt, und Roosevelt fuhr nach Afrika, um Löwen zu schießen. Als er zurückkam, platzte er vor Wut. Er warf Taft seine konservative Haltung vor, versuchte, sich selbst die Kandidatur für eine dritte Wahl zu sichern, gründete die Bull Moose Partei und brach der »Grand Old Party« beinahe das Genick. Als die Wahlen stattfanden, erlitten die Republikaner die verhängnisvollste Niederlage ihrer Geschichte.

Theodore Roosevelt schob Taft die Schuld zu. Und Taft? Machte er sich selber Vorwürfe? Natürlich nicht. Mit Tränen in den Augen erklärte er: »Ich sehe nicht, wie ich hätte anders handeln können.«

Wer war nun im Unrecht, Roosevelt oder Taft? Offen gestanden, ich weiß es nicht, und es kümmert mich auch nicht. Ich wollte mit dieser Geschichte nur zeigen, daß Theodore Roosevelts Kritik Taft keineswegs davon überzeugt hat, daß der Fehler bei ihm lag. Sie veranlaßte ihn lediglich, sich zu rechtfertigen und unter Tränen zu wiederholen: »Ich sehe nicht, wie ich hätte anders handeln können.«

Oder nehmen wir den Teapot-Dome-Ölskandal, der zu Beginn der zwanziger Jahre einen Sturm der Entrüstung in der Presse auslöste. Die ganze Nation war in Aufregung. So weit man sich zurückerinnern konnte, hatte Amerika noch nie einen solchen öffentlichen Skandal erlebt. Was war geschehen? Albert B. Fall, damals Innenminister in Präsident Hardings Kabinett, war mit der Verpachtung der staatlichen Ölreserven in Elk Hill und Teapot Dome betraut, welche als Vorrat für die Marine bestimmt waren. Fall hätte die Bohrungen öffentlich zur Bewerbung ausschreiben müssen. Das tat er aber nicht, sondern spielte diesen fetten Brocken direkt seinem Freund Edward L. Doheny zu. Und was machte Doheny? Er überreichte Fall eine als »Darlehen« kaschierte Summe von hunderttausend Dollar. Hierauf beorderte Fall eigenmächtig Marinefüsiliere in jenen Distrikt, um alle umliegenden Konkurrenten zu vertreiben, deren angrenzende Bohrlöcher womöglich Öl aus den Reserven von Elk Hill ableiteten. Mit Gewehrläufen und Bajonetten von ihrem Grund und Boden verjagt, eilten diese Konkurrenten jedoch vor Gericht und brachten den Teapot-Dome-Skandal zum Platzen. Die ganze Geschichte stank dermaßen zum Himmel, daß die Regierung zurücktreten mußte, das ganze Volk in Aufregung geriet und der Republikanischen Partei der Untergang drohte.

Fall wurde schwer bestraft – so schwer wie bisher nur wenige Regierungsbeamte. Hat er seine Tat aber auch bereut? Nein! Jahre später gab Herbert Hoover in einer öffentlichen Ansprache zu verstehen, daß Präsident Hardings Tod auf den Kummer und die Enttäuschung darüber zurückzuführen war, daß ein Freund ihn hintergangen hatte. Als Mrs. Fall diese Worte hörte, sprang sie vom Stuhl hoch, weinte, ballte die Fäuste und schrie:

»Was? Harding soll von Fall hintergangen worden sein? Niemals! Mein Mann hat nie einen Menschen hintergangen. Ein ganzes Haus voll Gold könnte ihn nicht dazu verleiten, ein Unrecht zu tun. Er ist derjenige, der hintergangen und ans Kreuz geschlagen wurde.«

Da haben wir es wieder! So ist die menschliche Natur: Jeder ist im Unrecht, nur nicht der Missetäter selbst. Wir machen es alle genauso. Denken Sie deshalb an Al Capone, »Doppelschuß«-Crowley und Albert Fall, wenn Sie morgen Lust verspüren, jemanden zu kritisieren. Vergessen Sie nicht: Vorwürfe sind wie Brieftauben, sie kehren immer wieder in den eigenen Schlag zurück. Seien wir uns darüber im klaren, daß ein Mensch, den wir tadeln, sich womöglich rechtfertigen wird und uns seinerseits verurteilt. Oder daß er es hält wie der sanftmütige Taft und erklärt: »Ich sehe nicht, wie ich hätte anders handeln können.«

Am Morgen des 15. April 1865 lag Abraham Lincoln sterbend im Bett eines billigen Gasthauses direkt gegenüber dem Ford's Theater, wo John Wilkes Booth ihn angeschossen hatte. Er lag diagonal auf einem durchhängenden Bett ausgestreckt, das für seinen langen Körper viel zu kurz war. In einer trüben Gaslampe flackerte ein gelbes Licht. Kriegsminister Stanton stand neben dem Bett, betrachtete den sterbenden Lincoln und sagte: »Hier liegt der vollkommenste Menschenführer, den die Welt je gesehen hat.«

Worin lag Lincolns Geheimnis im Umgang mit Menschen? Ich habe zehn Jahre damit zugebracht, Abraham Lincolns Leben zu studieren, und mich drei Jahre abgemüht, ein Buch über den ›unbekannten Lincoln‹ zu schreiben. Ich habe mich sicher so ausführlich und eingehend mit Lincolns Persönlichkeit und seinem Privatleben beschäftigt wie nur irgend jemand. In erster Linie hat mich seine Methode im Umgang mit Menschen interessiert. Neigte er zu Kritik? Sicherlich. Als junger Mann hat er die Leute nicht nur kritisiert, sondern sich in Briefen und Gedichten über sie lustig gemacht und diese Pamphlete auf der Landstraße deponiert, wo er sicher war, daß sie gefunden wurden. Einer dieser Briefe erregte eine Verstimmung, die sich ein Leben lang nicht mehr ausbügeln ließ.

Selbst als Lincoln in Springfield, Illinois, als Anwalt praktizierte, griff er seine Gegner in öffentlichen Briefen in der Zeitung an. Einmal hätte er dies allerdings besser unterlassen.

Im Herbst 1842 verulkte er einen eingebildeten, streitsüchtigen Politiker namens James Shields. Lincoln verspottete ihn in einem anonymen Brief im *Springfield Journal*. Die ganze Stadt brüllte vor Lachen. Der empfindliche und stolze Shields jedoch kochte vor Wut. Er bekam heraus, wer den Brief geschrieben hatte, warf sich aufs Pferd, ritt zu Lincoln und forderte ihn zum Duell. Lincoln verspürte keine Lust, sich zu schlagen – er war ein Gegner von Duellen –, aber es blieb ihm ganz einfach keine andere Möglichkeit, um sich aus der Affäre zu ziehen und seine Ehre zu retten. Die Wahl der Waffen fiel auf ihn, und da er lange Arme hatte, entschied er sich für Kavalleriesäbel und nahm Fechtunterricht bei einem Offizier. Am festgesetzten Tag trafen sich die beiden Kontrahenten auf einer Sandbank des Mississippi, bereit, sich auf Tod und Leben zu schlagen. In letzter Minute jedoch griffen ihre Sekundanten ein und brachen den Kampf ab.

Das war eines der schlimmsten persönlichen Erlebnisse in Lincolns Leben. Es hat ihm eine unschätzbare Lektion im Umgang mit Menschen erteilt. Nie wieder schrieb er einen beleidigenden Brief. Nie wieder machte er andere lächerlich. Und von da an hat er auch fast nie mehr andere Menschen kritisiert.

Während des Bürgerkriegs setzte Lincoln einen General nach dem anderen an die Spitze der Armee am Potomac, und einer nach dem anderen versagte und trieb ihn buchstäblich zur Verzweiflung. Die halbe Nation raste gegen die unfähigen Heerführer. Lincoln jedoch handelte nach dem Prinzip: ›Allen zuliebe und niemandem zuleid‹, und verhielt sich ruhig. Eines seiner Lieblingszitate war: »Richtet nicht, auf daß ihr nicht gerichtet werdet!«

Wenn jemand sich zu harten Worten über die Südstaatler hinreißen ließ, gab Lincoln zurück: »Tadelt sie nicht. Unter ähnlichen Umständen wären wir auch nicht anders.«

Wenn je ein Mann Grund zu Kritik gehabt hätte, dann zweifellos Lincoln. Greifen wir nur ein Beispiel heraus:

Die Schlacht von Gettysburg fand in den ersten Tagen des Juli 1863 statt. In der Nacht zum 4. Juli begann Lee sich in südlicher Richtung zurückzuziehen, während stürmischer Regen das Land überflutete. Als Lee mit seiner geschlagenen Armee an den Potomac kam, hatte er vor sich einen hoch angeschwollenen, unpassierbaren Fluß und im Rücken die siegreiche Armee der Union. Er saß in einer Falle, aus der es keinen Ausweg gab. Lincoln wußte das. Hier bot sich eine vom Himmel geschickte, großartige Gelegenheit, Lees Armee zu schlagen und den Krieg unverzüglich zu beenden. Daher befahl er Meade, nicht erst den Kriegsrat einzuberufen, sondern Lee unverzüglich anzugreifen. Lincoln gab seine Anordnungen telegrafisch durch und schickte einen Sonderkurier zu Meade mit dem Befehl zum sofortigen Angriff.

Was aber tat Meade? Genau das Gegenteil von dem, was er sollte. In direkter Mißachtung von Lincolns Befehlen berief er den Kriegsrat ein. Er zögerte, zauderte, telegrafierte alle möglichen Entschuldigungen zurück und weigerte sich glatt, Lee anzugreifen. Schließlich ging der Fluß zurück, und Lee entkam mit seinen Streitkräften über den Potomac.

Lincoln schäumte vor Wut. »Was soll das bedeuten?« schrie er seinen Sohn Robert an. »Was in aller Welt soll das bedeuten? Sie waren doch in Reichweite, und wir brauchten nur die Hand auszustrecken, um sie zu schnappen. Aber ich kann sagen und tun, was ich will: Die Armee rührt sich nicht. Unter diesen Umständen hätte beinahe jeder General Lee besiegen können. Sogar ich hätte ihn eingesteckt, wenn ich hingegangen wäre.«

Bitter enttäuscht setzte sich Lincoln hin und schrieb einen Brief an Meade. Vergessen wir nicht: Lincoln war in dieser Phase seines Lebens sehr zurückhaltend in seinen Formulierungen. Ein Brief wie dieser bedeutete im Jahre 1863 soviel wie der strengste Verweis von ihm.

> »Mein lieber General,
> ich glaube nicht, daß Sie sich der Größe des Mißgeschicks, welches Lees Entkommen für uns bedeutet, bewußt sind. Lee war praktisch in unserer Hand, wir hätten bloß zupacken müssen, und in Anbetracht unserer kürzlichen Erfolge wäre der Krieg beendigt gewesen. So wie die Situation nun aber aussieht, wird der Kampf noch unbestimmte Zeit fortdauern. Wenn Sie am vergangenen Montag an einem sicheren Sieg über Lee gezweifelt haben, wie wollen Sie ihn dann südlich des Flusses besiegen, wohin Sie nur einen Teil, bestenfalls zwei Drittel der Truppen vom letzten Montag mitnehmen können? Es wäre unvernünftig zu erwarten, und ich erwarte es auch gar nicht, daß Sie dort viel erreichen. Ihre große Chance ist vertan, und ich bin darüber zutiefst betrübt.«

Was glauben Sie, was Meade sagte, als er diesen Brief erhielt?

Er bekam ihn gar nie zu Gesicht. Lincoln hat ihn nicht

abgeschickt. Er wurde nach seinem Tod unter seinen Papieren gefunden.

Ich vermute – und es ist wirklich nur eine Vermutung –, daß Lincoln, nachdem er jenen Brief geschrieben hatte, zum Fenster hinausblickte und zu sich selber sagte: Moment mal. Wir wollen nichts überstürzen. Es ist leicht, hier ruhig im Weißen Haus zu sitzen und Meade den Befehl zum Angriff zu erteilen. Aber wenn ich in Gettysburg gewesen wäre und wenn ich soviel Blut gesehen hätte wie Meade in diesen letzten Wochen, und wenn meine Ohren das Stöhnen und Schreien der Verwundeten und Sterbenden gehört hätten, dann hätte ich es vielleicht mit einem Angriff auch nicht so eilig gehabt. Wenn ich außerdem gleich vorsichtig veranlagt wäre wie Meade, dann hätte ich womöglich genauso gehandelt wie er. Wie dem auch sei, es ist nun mal geschehen. Schicke ich diesen Brief jetzt ab, so habe ich zwar meinen Gefühlen Luft gemacht, aber Meade wird versuchen, sich zu rechtfertigen. Er wird mir Vorhaltungen machen. Es wird ihn erbittern, seine zukünftige Verwendbarkeit als Heerführer beeinträchtigen und ihn womöglich sogar zwingen, aus der Armee auszutreten.

Also legte Lincoln den Brief beiseite, denn er hatte aus bitterer Erfahrung gelernt, daß scharfe Kritik und Rügen sich in den meisten Fällen letztlich als nutzlos erweisen.

Mark Twain passierte es öfter, daß ihm der Hut hochging. Dann schrieb er Briefe, daß selbst das Papier errötete. So schrieb er beispielsweise einem Mann, der ihn in Rage gebracht hatte: »Was Sie brauchen, ist eine Bestattungserlaubnis. Sie müssen es nur sagen, und ich besorge Ihnen eine.« Ein andermal schrieb er einem Verleger, dessen Korrektor versucht hatte, seine Rechtschreibung und Interpunktion zu verbessern: »Setzen Sie den Text gemäß meiner Vorlage und sorgen Sie dafür, daß der Korrektor seine Vorschläge in seinem verfaulten Hirn behält.«

Nach solchen gepfefferten Briefen fühlte sich Mark Twain jeweils wieder wohler. Sie ermöglichten ihm, Dampf abzulassen – und zu Schaden kam niemand dabei, denn Mark Twains Frau ließ sie insgeheim aus der Post verschwinden; sie sind nie abgeschickt worden.

Möchten Sie gerne den einen oder andern Menschen aus Ihrem Bekanntenkreis ein bißchen ändern, ein bißchen umerziehen und bessern? In Ordnung. Ich bin ganz mit Ihnen einverstanden. Aber warum beginnen Sie nicht bei sich selbst? Für Sie schaut nämlich dabei mehr heraus, als wenn Sie an andern herummodeln – und es ist auch viel weniger gefährlich. ›Jeder kehre den Schnee vor seiner Tür und kümmere sich nicht um das Eis, das auf dem Dach des Nachbarn liegt‹, sagt ein chinesisches Sprichwort.

Als ich noch jung war und mit allen möglichen Mitteln versuchte, den Leuten Eindruck zu machen, schrieb ich einmal einen ganz albernen Brief an Richard Harding Davis, einen Autor, dessen Stern damals hell am literarischen Himmel von Amerika leuchtete. Ich bereitete einen Zeitungsartikel über Schriftsteller vor und wollte von Davis wissen, nach welcher Methode er arbeite. Wenige Wochen zuvor hatte ich von jemandem einen Brief mit der folgenden Schlußbemerkung erhalten: »Diktiert, aber ungelesen abgeschickt.« Das imponierte mir mächtig. Zweifellos mußte der Schreiber eine bedeutende und vielbeschäftigte Persönlichkeit sein. Ich hatte keineswegs übermäßig zu tun, aber ich wollte Richard Harding Davis unbedingt Eindruck machen, und so setzte ich unter meine kurze Anfrage die Worte: »Diktiert, aber ungelesen abgeschickt.«

Davis dachte gar nicht daran, meinen Brief zu beantworten, sondern sandte ihn ganz einfach zurück mit dem Vermerk am Rand: »Ihre schlechten Manieren werden nur noch von Ihren schlechten Manieren übertroffen.« Zugegeben, ich hatte einen Schnitzer gemacht, und ich hatte diesen Rüffel vielleicht verdient, aber da ich auch nur ein Mensch bin, ärgerte ich mich darüber. Ich ärgerte mich so sehr, daß ich Jahre später, als ich in der Zeitung las, Richard Harding Davis sei gestorben, nur einen einzigen Gedanken hatte – ich schäme mich heute, es zuzugeben –: die Erinnerung an die Kränkung, die er mir damals zugefügt hatte.

Falls Sie es also darauf abgesehen haben, eine Handvoll Leute schon morgen derart zu verstimmen, daß sie Ihnen während Jahrzehnten, sogar bis zu Ihrem Tode noch grollen, dann brauchen Sie nichts weiter zu tun, als die entsprechenden Menschen scharf zu kritisieren, egal, wie berechtigt diese Kritik auch immer sein mag.

Im Umgang mit Menschen dürfen wir nie vergessen, daß wir es nicht mit logischen Wesen zu tun haben, sondern mit Wesen voller Gefühle, Vorurteile, Stolz und Eitelkeit.

Bitterböse Kritik hat den empfindsamen Thomas Hardy, einen der besten englischen Romanautoren, veranlaßt, das Schreiben von Romanen für immer aufzugeben. Kritik trieb den englischen Dichter Thomas Chatterton sogar in den Selbstmord.

Benjamin Franklin, der in seiner Jugend ausgesprochen taktlos war, wurde später ein so geschickter Diplomat, daß man ihn als Botschafter nach Frankreich entsandte. Das Geheimnis seines Erfolges? ›Ich sage über niemanden etwas Schlechtes und über jeden alles Gute, das ich über ihn weiß.‹

Jeder Narr kann kritisieren, verurteilen, reklamieren – und die meisten Narren tun es auch.

Aber um zu verstehen und zu verzeihen – dazu braucht es Charakter und Selbstbeherrschung.

»Die Größe eines großen Mannes zeigt sich darin, wie er die kleinen Leute behandelt«, sagte Carlyle.

Bob Hoover, ein berühmter Testpilot und Flugakrobat,

befand sich nach einem Flugmeeting in San Diego auf dem Rückflug nach Los Angeles, wo er zu Hause war, als in einer Höhe von knapp tausend Metern plötzlich beide Motoren aussetzten. Durch geschicktes Manövrieren glückte es ihm, die Maschine zu landen. Sie wurde zwar schwer beschädigt, aber es wurde niemand verletzt.

Nach dieser Notlandung prüfte Hoover als erstes den Kraftstoff. Wie er richtig vermutet hatte, war die Propellermaschine aus dem Zweiten Weltkrieg statt mit Benzin für Kolbenmotoren mit Flugpetrol für Düsenflugzeuge aufgetankt worden.

Sobald er wieder auf dem Flugplatz war, verlangte er den Mechaniker zu sehen, der seine Maschine gewartet hatte. Der junge Mann war krank vor Verzweiflung über seinen Irrtum, und Tränen liefen ihm über die Wangen, als Hoover auf ihn zukam. Er wußte, daß er den Verlust eines sehr teuren Flugzeugs und beinahe den Tod von drei Menschen verschuldet hatte.

Sie können sich Hoovers Ärger vorstellen. Und das Donnerwetter, mit dem ein so stolzer und hervorragender Pilot auf eine solche Fahrlässigkeit reagieren mußte. Aber nichts dergleichen geschah. Hoover kanzelte den Mechaniker nicht ab; er tadelte ihn nicht einmal. Statt dessen legte er ihm den Arm um die Schultern und sagte: »Damit Sie sehen, daß ich weiß, daß Ihnen so etwas nie mehr passieren wird, möchte ich Sie bitten, morgen meine F-51 aufzutanken.«

Eltern sind oft versucht, ihre Kinder zu tadeln. Ich sage nicht, sie sollten es unterlassen. Ich möchte ihnen nur empfehlen, die folgende Geschichte zu lesen, ehe sie es tun. *Vater vergißt* ist ursprünglich als Leitartikel im *People's Home Journal* erschienen. Mit Erlaubnis des Autors W. Livingston Larned drucken wir hier die gekürzte Fassung ab, wie sie vom *Reader's Digest* publiziert worden ist.

Vater vergißt ist eine jener kleinen Geschichten, die –

aus einem Augenblick echter Empfindung geboren – in so manchem Leser einen Widerhall auslösen, daß sie während Jahren immer wieder abgedruckt werden.

Vater vergißt

»Hör zu, mein Sohn, ich spreche zu dir, während du schläfst, die kleine Faust unter der Wange geballt, die blonden Löckchen auf der feuchten Stirn verklebt. Ich habe mich ganz allein in dein Zimmer geschlichen. Vor ein paar Minuten, während ich in der Bibliothek über meiner Zeitung saß, erfaßte mich eine Woge von Gewissensbissen. Reumütig stehe ich nun an deinem Bett.

Ich mußte daran denken, daß ich böse mit dir war, mein Sohn. Ich habe dich ausgescholten, während du dich anzogst, weil du mit dem Lappen nur eben über das Gesicht gefahren bist. Ich stellte dich zur Rede, weil deine Schuhe schmutzig waren. Ich machte meinem Ärger Luft, weil du deine Sachen auf den Boden fallen ließest.

Auch beim Frühstück fand ich manches auszusetzen. Du verschüttetest den Inhalt deiner Tasse. Du schlangst das Essen hinunter. Du stütztest die Ellbogen auf den Tisch. Du strichst die Butter zu dick aufs Brot. Als du zu deinen Spielsachen gingst und ich mich auf den Weg zur Arbeit machte, da hast du dich umgedreht, gewinkt und mir zugerufen: ›Auf Wiedersehen, Daddy!‹, doch ich runzelte die Stirn und gab zur Antwort: ›Halte dich gerade und mach keinen solchen Buckel!‹

Am späten Nachmittag ging es von neuem los. Als ich die Straße heraufkam, sah ich, wie du auf dem Boden knietest und mit Murmeln spieltest. Die Strümpfe waren an den Knien durchgewetzt. Ich beschämte dich vor deinen Freunden und befahl dir, vor mir her ins Haus zu gehen. Strümpfe sind teuer – wenn du sie selber kaufen müßtest, würdest du mehr Sorge dazu tragen! Das, mein Sohn, warf dir dein Vater vor!

Weißt du noch, später, als ich meine Zeitung las, da kamst du in die Bibliothek, schüchtern, in deinen Augen eine Spur von Traurigkeit. Als ich über den Rand der Zeitung blickte, ungeduldig, weil ich nicht gestört sein wollte, da bliebst du in der Tür stehen. ›Was willst du?‹ schnauzte ich dich an.

Du sagtest nichts, stürmtest nur mit einem Satz durchs Zimmer, warfst mir die Arme um den Hals und küßtest mich, und deine kleinen Arme drückten mich mit einer Zuneigung, die Gott selber in dein Herz gepflanzt hat und die trotz aller Vernachlässigung immer weiterblühte. Plötzlich warst du weg, ich hörte dich die Treppe hinauftrappeln.

Kurz nachdem du weggegangen warst, mein Sohn, glitt mir die Zeitung aus den Händen, und eine grauenhafte Angst erfaßte mich. Was war aus mir geworden? Vorwürfe und Tadel ohne Ende – damit vergalt ich dir, daß du ein Kind warst. Nicht daß ich dich nicht liebe – ich habe nur zuviel von dir erwartet und dich nach dem Maßstab meiner eigenen Jahre beurteilt, als ob du schon erwachsen wärst.

Dabei ist doch so manches an dir gut und schön und echt gewesen. Dein kleines Herz war groß wie der erwachende Tag über den Hügeln. Das zeigte sich in deinem plötzlichen Entschluß, auf mich zuzustürmen und mir einen Gutenachtkuß zu geben. Das ist das Wichtigste, mein Sohn, alles andere zählt nicht. Ich bin in der Dunkelheit an dein Bett geschlichen und habe mich beschämt daneben hingekniet.

Das ist ein schwaches Bekenntnis; ich weiß, du würdest nicht verstehen, was ich meine, wenn ich dir all das bei Tageslicht erzählen würde. Doch von morgen an werde ich ein richtiger Daddy zu dir sein. Wir werden

Freunde werden, und ich werde mit dir traurig sein, wenn du traurig bist, und mit dir lachen, wenn du lachst. Eher werde ich mir die Zunge abbeißen, als ein vorwurfsvolles Wort aus meinem Mund zu lassen. Und immerzu werde ich mir sagen: ›Er ist ja noch ein Junge, nichts als ein kleiner Junge!‹

Ich fürchte, ich habe dich als Mann gesehen. Doch wenn ich dich jetzt anschaue, wie du müde in deinem Bettchen liegst, dann sehe ich, daß du noch ein kleines Kind bist. Erst gestern noch trug dich deine Mutter auf dem Arm, und dein Köpfchen lag an ihrer Schulter. Ich habe zuviel von dir verlangt, viel zuviel.«

Anstatt die Menschen zu verurteilen, sollten wir besser versuchen, sie zu verstehen. Versuchen herauszufinden, warum sie so und nicht anders handeln. Das ist vermutlich einträglicher und interessanter als Kritik. Dadurch schaffen wir eine Atmosphäre der Sympathie, Nachsicht und Güte. »Alles verstehen heißt alles verzeihen.«

Gott selbst wartet mit seinem Urteil über den Menschen bis zum letzten Tag. Warum sollten wir es da anders halten?

☐ Kritisieren, tadeln und verurteilen
Sie andere nicht.

2. Die hohe Kunst,
Menschen richtig zu behandeln

Haben Sie je darüber nachgedacht, daß es auf der Welt nur einen Weg gibt, einen Menschen dazu zu bringen, etwas Bestimmtes zu tun? Man muß erreichen, daß er es selber tun *will*! Eine andere Möglichkeit gibt es nicht.

Natürlich können Sie jemandem den Revolver auf die Brust setzen und ihn zwingen, Ihnen seine Uhr herauszugeben. Sie können Ihren Angestellten zur Arbeit zwingen, indem Sie ihm mit Entlassung drohen. Sie können ein Kind mit Schlägen oder Strafen zu Gehorsam zwingen. Aber diese unsanften Holzhammermethoden haben höchst unerfreuliche Rückwirkungen.

Es gibt keinen andern Weg, jemanden dazu zu bringen, daß er tut, was wir wünschen, als daß man ihm gibt, was er wünscht.

Was aber ist das?

Sigmund Freud sagte, daß alles, was wir tun, zwei Motive hat: den Sexualtrieb und das Verlangen nach persönlicher Geltung.

Professor John Dewey, einer der größten Philosophen Amerikas, drückt sich ein bißchen anders aus: »Der stärkste Trieb in der menschlichen Natur ist der Wunsch, bedeutend zu sein.« Vergessen Sie diesen Satz nicht, er ist sehr wichtig, und wir werden in diesem Buch immer wieder darauf zurückkommen.

Was wünscht sich der Mensch? Nicht viel, aber dafür ein paar Dinge um so nachdrücklicher. Dazu gehören:

1. Gesundheit und ein langes Leben
2. Nahrung
3. Schlaf
4. Geld und alles, was man damit kaufen kann
5. ein Leben im Jenseits
6. sexueller Genuß
7. gesunde Kinder
8. das Gefühl, »bedeutend« zu sein

Fast alle diese Wünsche gehen gewöhnlich in Erfüllung – bis auf einen. Ein einziger Wunsch, der beinahe so groß, so übermächtig ist wie das Verlangen nach Essen und Schlaf, wird selten erfüllt. Freud nennt ihn den »Wunsch nach Geltung«, Dewey bezeichnet ihn als den »Wunsch, bedeutend zu sein«.

Lincoln begann einmal einen Brief mit den Worten: »Jeder Mensch liebt Komplimente.« William James sagte: »Eine unausrottbare Eigenschaft im Wesen des Menschen ist sein Verlangen nach Anerkennung.« Wohlgemerkt, er sagte nicht: »der Wunsch« oder »die Sehnsucht« nach Anerkennung. Er sagte: »das Verlangen« nach Anerkennung.

Hier haben wir es mit einem nagenden, unstillbaren Hunger zu tun. Und in den Händen jener wenigen, denen es gelingt, diesen seelischen Hunger anderer zu stillen, sind die Menschen wie Wachs. »Sogar der Leichenbestatter trauert«, wie man sagt, wenn ein solcher Wohltäter stirbt.

Dieser Wunsch nach Geltung ist eines der hauptsächlichsten Merkmale, die den Menschen vom Tier unterscheiden. Ein Beispiel: Als ich noch ein Bauernjunge in Missouri war, züchtete mein Vater erstklassige Duroc-

Jersey-Schweine und reinrassiges, weißköpfiges Vieh. Wir pflegten unsere Tiere jeweils im ganzen Mittleren Westen an den Jahrmärkten und Viehschauen auszustellen und gewannen mit ihnen manchen ersten Preis. Mein Vater heftete dann die blauen Schleifen von den Auszeichnungen auf ein Stück weißen Musselin, und wenn Freunde kamen oder Besuch, holte er das Tuch hervor, hielt es am einen und ich am anderen Ende hoch, damit sie die blauen Schleifen bewundern konnten.

Die Schweine machten sich nichts aus den Schleifen, die sie gewonnen hatten. Wohl aber mein Vater – diese Preise gaben ihm ein Gefühl von Bedeutung.

Hätten unsere Vorfahren nicht dieses brennende Verlangen nach Bedeutung gehabt, dann hätte es nie eine Zivilisation gegeben. Ohne Geltungsbedürfnis würden wir leben wie die Tiere.

Das Verlangen nach Bedeutung war es auch, das Dickens dazu getrieben hat, seine unsterblichen Romane zu schreiben. Das gleiche Verlangen inspirierte Sir Christopher Wren, den großen englischen Architekten und Erbauer der St.-Pauls-Kathedrale, zu seinen Symphonien in Stein, ließ Rockefeller Millionen anhäufen, die er nie ausgeben konnte, und hat von jeher den reichsten Mann der Stadt veranlaßt, ein Haus zu bauen, das für seine Bedürfnisse viel zu groß ist.

Dieser Wunsch treibt aber auch viele junge Menschen dazu, sich Banden anzuschließen und kriminelle Handlungen zu begehen. »Für den durchschnittlichen jungen Verbrecher zählt nur sein eigenes Ego«, erklärte E. P. Mulrooney, seinerzeit Polizeikommissar von New York. »Das erste, wonach er nach seiner Verhaftung verlangt, sind die üblen Boulevardblätter, die aus ihm einen Helden machen. Der unerfreuliche Gedanke ans Zuchthaus liegt ihm fern, solange er sich nur daran weiden kann, sein Bild neben Filmstars, Sportgrößen und Politikern auf den Titelseiten und am Bildschirm zu sehen.«

Sagen Sie mir, was Ihnen das Gefühl von Bedeutung gibt, und ich sage Ihnen, wer Sie sind, denn daran läßt sich Ihr Charakter ablesen. John D. Rockefeller fühlte sich bedeutend, als er Geld gab, um in China ein modernes Spital zu errichten und damit Millionen von armen Menschen zu helfen, die er nie gesehen hatte und nie sehen würde. Dillinger dagegen befriedigte sein Geltungsbedürfnis als Bandit, Bankräuber und Mörder. Als er von der Polizei gejagt wurde, drang er in ein Haus ein und sagte: »Ich bin Dillinger!« Er war stolz darauf, der Staatsfeind Nummer eins zu sein. »Ich tue Ihnen nichts, aber ich bin Dillinger!« erklärte er den Bewohnern.

Der markante Unterschied zwischen Dillinger und Rockefeller liegt eben darin, auf welche Art und Weise sie ihr Verlangen nach Bedeutung stillten.

Die Geschichte wimmelt von amüsanten Beispielen, wie sich berühmte Leute abmühten, ihr Geltungsbedürfnis zu befriedigen. Selbst George Washington wünschte, »Seine Hoheit, der Präsident der Vereinigten Staaten« genannt zu werden; und Kolumbus flehte um den Titel »Admiral des Ozeans und Vizekönig von Indien«. Katharina die Große weigerte sich, Briefe zu öffnen, die nicht an »Ihre Kaiserliche Majestät« adressiert waren; Mrs. Lincoln stürzte sich im Weißen Haus wie eine Tigerin auf Mrs. Grant und rief: »Wie können Sie es wagen, in meiner Gegenwart Platz zu nehmen, ehe ich Sie dazu auffordere!«

Amerikanische Millionäre halfen 1928 Admiral Byrds Antarktisexpedition zu finanzieren, unter der Bedingung, daß ganze Reihen von Gletschern nach ihnen benannt würden; und Victor Hugo verlangte nichts Geringeres, als daß man Paris nach ihm umbenennen sollte. Sogar der größte der Großen, Shakespeare, versuchte seinem Namen mehr Glanz zu geben, indem er sich um ein Familienwappen bemühte.

Es gibt Menschen, die geradezu krank werden vor Verlangen nach Zuneigung und Aufmerksamkeit, um sich im Gefühl ihrer eigenen Bedeutung zu sonnen. Das war beispielsweise der Fall bei Mrs. McKinley, die ihren Mann, den Präsidenten der Vereinigten Staaten, dazu zwang, wichtige Staatsgeschäfte zu vernachlässigen, während er stundenlang an ihrem Bett saß und, den Arm um sie gelegt, versuchte, sie zum Schlafen zu bringen. Sie befriedigte ihre Gier nach Geltung dadurch, daß sie von ihm verlangte, er müsse bei ihr sein, wenn sie ihre Zähne behandeln ließ, und sie machte eine wilde Szene, als er sie einmal mit dem Zahnarzt allein lassen mußte, weil er mit seinem Staatssekretär verabredet war.

Medizinische Fachleute wissen zu berichten, daß Menschen buchstäblich geisteskrank werden können, um in der Traumwelt des Wahnsinns das Gefühl von Bedeutung zu finden, das man ihnen in der Wirklichkeit verweigert. Es gibt mehr psychisch Kranke als andere Patienten in den Spitälern der Vereinigten Staaten.

Welches sind die Ursachen von Geisteskrankheit?

Auf eine so summarische Frage kann niemand eine Antwort geben. Wir wissen jedoch, daß gewisse Krankheiten, wie zum Beispiel Syphilis, die Gehirnzellen angreifen und zerstören, was zu Geisteskrankheit führt. Ungefähr die Hälfte aller Geisteskrankheiten gehen tatsächlich auf physische Ursachen wie Gehirnverletzungen, Alkoholeinfluß und Vergiftungen zurück. Die andere Hälfte aber – und das ist das Erschreckende – weist keine erkennbaren organischen Schädigungen der Gehirnzellen auf. Selbst bei Autopsien, wenn die Gehirnzellen unter den stärksten Mikroskopen untersucht werden, erscheinen sie genauso gesund wie bei Ihnen und bei mir.

Was also ist der Grund, daß diese Menschen geisteskrank werden?

Ich habe diese Frage einmal dem Chefarzt einer unserer
größten Irrenanstalten vorgelegt. Dieser Mann, der für
seine Kenntnisse auf dem Gebiet der Geisteskrankheiten
mit höchsten Ehren und Auszeichnungen dekoriert worden war, gab offen zu, daß er darauf keine Antwort
wußte. Daß es niemand mit Sicherheit weiß. Er erklärte
mir jedoch, daß viele in ihrem kranken Zustand ein Gefühl von Bedeutung hätten, das sie sich in der Wirklichkeit nie verschaffen konnten. Dann erzählte er mir folgende Geschichte:

»Ich habe eine Patientin hier, deren Ehe eine einzige
Tragödie war. Sie sehnte sich nach Liebe, sexueller Erfüllung, Kindern und gesellschaftlichem Ansehen; doch das
Leben zerstörte alle ihre Hoffnungen. Ihr Mann liebte sie
nicht, weigerte sich sogar, mit ihr am gleichen Tisch zu
essen, und sie mußte ihm seine Mahlzeiten auf sein Zimmer bringen. Sie hatte weder Kinder noch eine gesellschaftliche Position. Da wurde sie geisteskrank; in ihrer
Scheinwelt ließ sie sich von ihrem Mann scheiden und
nahm wieder ihren Mädchennamen an. Sie bildet sich
nun ein, mit einem englischen Aristokraten verheiratet zu
sein, und besteht darauf, Lady Smith genannt zu werden.
Was die Kinder anbelangt, so bekommt sie in ihrer Einbildung jede Nacht ein neues. Jedesmal, wenn ich mit ihr
spreche, sagt sie: ›Doktor, ich habe letzte Nacht ein Baby
bekommen!‹«

Im Leben sind alle ihre Traumschiffe am Felsen der
Realität zerschellt; aber auf der sonnigen Zauberinsel des
Wahnsinns laufen sie mit geblähten Segeln und bei gün-
stigem Wind in den Hafen ein.

Tragisch? Ich weiß es nicht. Ihr Arzt sagte mir: »Wenn
ich die Hand ausstrecken und sie heilen könnte – ich
würde es nicht tun. Sie ist viel glücklicher so.«

Wenn es möglich ist, daß der Geltungstrieb Menschen in die Arme des Wahnsinns treibt, so kann man sich leicht vorstellen, was man mit ehrlicher Anerkennung beim normalen Menschen zu erreichen vermag.

Einer der ersten Männer, die in der amerikanischen Industrie ein Jahresgehalt von über einer Million Dollar bekamen (als es noch keine Einkommensteuer gab und ein Angestellter, der in der Woche fünfzig Dollar verdiente, als gutbezahlt galt), war Charles Schwab. Er war von »Stahlkönig« Andrew Carnegie 1921 zum Präsidenten der neugegründeten United States Steel Company ernannt worden. Schwab war damals achtunddreißig Jahre alt.

Aus welchem Grund bezahlte Andrew Carnegie Schwab eine Million Dollar im Jahr oder mehr als dreitausend Dollar am Tag? Weil Schwab ein Genie war? Nein. Weil er mehr über Stahl wußte als alle andern? Unsinn. Charles Schwab hat mir selber gesagt, daß viele seiner Untergebenen mehr von Stahlherstellung verstünden als er selbst.

Er erzählte mir aber auch, daß er sein Gehalt zu einem großen Teil deshalb bekam, weil er mit Menschen umzugehen wußte. Ich fragte ihn, wie er das machte. Hier ist die Antwort in seinen eigenen Worten – Worte, die für die Ewigkeit in Bronze gegossen und in jedem Haus, jeder Schule, jedem Laden und Büro im ganzen Land aufgehängt werden müßten – Worte, welche die Kinder auswendig lernen sollten, statt ihre Zeit mit dem Konjugieren lateinischer Verben zu vertrödeln oder mit dem Büffeln der jährlichen Niederschlagsmengen in Brasilien – Worte, die geeignet sind, unser ganzes Leben umzukrempeln, vorausgesetzt, daß wir sie befolgen:

»Ich betrachte meine Fähigkeit, die Menschen zu begeistern, als meinen größten Vorteil«, sagte Schwab.

»Durch Anerkennung und Aufmunterung kann man in einem Menschen die besten Kräfte mobilisieren. Nichts tötet hingegen seinen Ehrgeiz so gründlich wie Kritik von Vorgesetzten. Ich kritisiere nie jemanden. Ich glaube, daß man die Menschen zur Arbeit anspornen muß. Deshalb lobe ich ebenso gerne, wie ich ungern tadle. Bin ich mit einer Leistung zufrieden, so anerkenne ich sie aufrichtig und gehe.großzügig mit Lob um.«

So also machte es Schwab. Was aber tut der Durchschnittsmensch? Das genaue Gegenteil. Wenn ihm etwas nicht gefällt, kanzelt er seinen Untergebenen ab; ist er jedoch zufrieden, so sagt er kein Wort. Oder wie's ein altes Couplet besingt:
»Von meinem Fehler spricht man immer, von meinen guten Taten nimmer.«
»Ich bin im Leben viel herumgekommen und habe in den verschiedensten Erdteilen viele und berühmte Menschen kennengelernt«, erzählte Schwab. »Aber ich bin bis heute jenem Menschen noch nicht begegnet, wie berühmt er auch sein mochte, der nicht nach einer Anerkennung besser und einsatzfreudiger gearbeitet hätte als nach einem Tadel.«
Das war auch einer der Hauptgründe für den beispiellosen Erfolg von Andrew Carnegie, der seine Mitarbeiter in der Öffentlichkeit ebenso lobte wie privat.
Selbst über seinen Tod hinaus wollte Carnegie seinen Mitarbeitern Anerkennung zollen und ließ deshalb die Worte auf seinen Grabstein setzen: ›Hier ruht einer, der sich zeitlebens mit Menschen umgeben hat, die klüger waren als er.‹
Rückhaltlose Anerkennung war eines der Geheimnisse von John D. Rockefellers Menschenführung. Als Edward T. Bedford, einer seiner Partner, mit einem schlechten

Handel in Südamerika die Firma um eine Million Dollar brachte, hätte er eine Kritik von John D. gewiß verdient gehabt. Aber Rockefeller wußte, Bedford hatte sein möglichstes getan – und damit war die Sache erledigt. Er fand sogar einen Grund, Bedford dafür zu loben, daß es ihm gelungen sei, immerhin sechzig Prozent des investierten Geldes zu retten. »Großartig!« lobte Rockefeller. »Das gelingt selbst uns von der Direktion nicht immer.«

Ich habe unter meinen Zeitungsausschnitten eine Geschichte, die meines Wissens nie passiert ist, die aber der Wahrheit so nahe kommt, daß ich sie hier wiedergeben möchte.

Diese Geschichte erzählt, wie eine Bauersfrau am Ende eines harten Arbeitstages ihren Männern einen Haufen Heu vorsetzte. Als diese voll Entrüstung wissen wollten, ob sie eigentlich verrückt sei, meinte sie: »Ach, ich dachte gar nicht, daß ihr das merken würdet. Da habe ich nun zwanzig Jahre lang für euch Männer gekocht, und nie hat einer den Mund aufgemacht, um mir zu sagen, daß es nicht bloß Heu war, was ich auf den Tisch brachte.«

Vor einigen Jahren wurde eine Untersuchung über davongelaufene Ehefrauen durchgeführt. Was denken Sie, aus welchem Grund diese Frauen hauptsächlich davongelaufen sind? Wegen »Mangel an Anerkennung«. Ich möchte wetten, daß eine ähnliche Umfrage bei davongelaufenen Ehemännern zum gleichen Resultat führen würde. Wir betrachten oft unseren Ehepartner als etwas so Selbstverständliches, daß wir gar nicht daran denken, ihm unsere Anerkennung zu zeigen.

Ein Kursteilnehmer erzählte einmal, wie seine Frau, die mit einer Gruppe anderer Frauen an einem Selbstverbesserungsprogramm arbeitete, mit der Bitte an ihn trat, ihr sechs Dinge zu nennen, die er an ihr gerne verändert hätte, damit sie ihm in Zukunft eine bessere Lebensgefährtin sein könnte. »Ihre Bitte überraschte mich«, berichtete der Mann. »Es wäre mir, ehrlich gesagt, nicht schwergefallen, sechs Dinge aufzuzählen, die ich an ihr gern anders hätte – aber, du lieber Himmel, sie hätte an mir tausend Dinge kritisieren können. Also sagte ich nichts und bat nur: ›Laß mich darüber nachdenken, ich gebe dir die Antwort morgen.‹

Am andern Tag stand ich etwas früher auf, ging beim Blumenhändler vorbei und bat ihn, meiner Frau sechs Rosen zu schicken. Dazu legte ich eine Karte: ›Mir fallen keine sechs Dinge ein, die ich an Dir anders haben möchte. Ich liebe Dich so, wie Du bist.‹

Wer erwartete mich an der Tür, als ich am Abend nach Hause kam? Richtig: Meine Frau. Sie hatte fast Tränen in den Augen. Unnötig zu sagen, wie glücklich ich war, daß ich sie nicht kritisiert hatte, wie sie es wünschte.

Am andern Sonntag nach der Kirche kamen mehrere Frauen, die am gleichen Kurs teilnahmen und denen sie inzwischen von meiner Antwort erzählt hatte, auf mich zu und erklärten: ›Das war das Taktvollste, was wir je gehört haben.‹ An diesem Beispiel ist mir bewußt geworden, welche Macht Anerkennung besitzt.«

Florenz Ziegfeld, der großartigste Unternehmer, der je den Broadway auf den Kopf gestellt hat, erlangte seinen Ruf dadurch, daß er das amerikanische Girl verherrlichte. Wiederholt nahm er irgendein graues Mäuschen in seine Truppe auf, das kein Mensch auch nur ein zweites Mal angeschaut hätte, und verwandelte es auf der Bühne in ein strahlendes, geheimnisvolles und verführerisches Wesen. Er wußte um den Wert der Anerkennung und gab den Frauen durch seine bloße Galanterie und Aufmerksamkeit das Gefühl, schön zu sein. Er ließ es aber auch an praktischer Aufmunterung nicht fehlen und steigerte die Gage seiner Revuetänzerinnen von dreißig auf hundertfünfundsiebzig Dollar in der Woche. Außerdem benahm er sich als Kavalier: Nach einer Premiere schickte er den

Stars Glückwunschtelegramme und überschüttete jedes Girl in der Show mit Rosen.

Ich hatte einmal die Marotte zu fasten und blieb sechs Tage und Nächte ohne Essen. Es war nicht sehr schwierig, am Ende des sechsten Tages war ich weniger hungrig als am Ende des zweiten. Sie und ich aber wissen, daß es als ein Verbrechen angesehen würde, wenn jemand seine Familie oder seine Angestellten sechs Tage lang ohne Nahrung ließe; hingegen läßt man sie sechs Tage, sechs Wochen, manchmal sogar sechzig Jahre lang ohne ein herzliches Wort der Anerkennung, wonach sie mindestens ebenso hungern wie nach Brot.

Wohl füttern wir unsere Kinder, Freunde und Angestellten mit körperlicher Nahrung, selten jedoch nähren wir ihre Selbstachtung. Wir setzen ihnen Schnitzel und Kartoffel vor, damit sie bei Kräften bleiben; aber wir denken nicht daran, ihnen ein paar anerkennende Worte zu sagen, die in ihrer Erinnerung weiterklingen würden wie die Töne einer Äolsharfe.

In seiner Radioserie *Der Rest der Geschichte* erzählte Paul Harvey einmal, wie aufrichtige Anerkennung das ganze Leben eines Menschen ändern kann. Er berichtete, wie vor Jahren eine Lehrerin ihren Schüler Stevie Morris bat, ihr dabei zu helfen, eine Maus zu finden, die sich ins Schulzimmer verirrt hatte. Damit zollte sie der Tatsache Anerkennung, daß Stevie eine Gabe hatte, die außer ihm sonst keiner in der Klasse besaß. Die Natur hatte den Jungen mit einem außerordentlich feinen Gehör für seine blinden Augen entschädigt. Und das war das erste Mal in seinem Leben, daß Stevie für seine Ohren Anerkennung erhielt. Wie er später selbst sagte, war dieser Ausdruck von Anerkennung für ihn der Beginn eines neuen Lebens. Von da an trainierte er sein Gehör und wurde unter dem Namen Stevie Wonder einer der größten Popsänger und Liedermacher der siebziger Jahre.

Viele Leser denken jetzt vielleicht: »Ach, Quatsch! Alte Klamotten! Hab' ich alles schon versucht. Schmeicheleien, Honig um den Bart streichen – das zieht nicht – nicht bei intelligenten Leuten.«

Natürlich kommt man mit seichter, selbstsüchtiger und falscher Schmeichelei bei klugen Menschen selten an. Das ist auch richtig so, obschon es auch unter ihnen Menschen gibt, die so sehr nach Anerkennung hungern und dürsten, daß sie unbesehen alles schlucken – wie ein Verhungernder, der sich auf Gras und Würmer stürzt.

Sogar Queen Victoria war für Schmeicheleien empfänglich. Premierminister Benjamin Disraeli gestand, daß er bei Verhandlungen mit der Königin jeweils dick aufgetragen habe, ›wie mit einer Maurerkelle‹, um seine eigenen Worte zu wiederholen. Aber Disraeli war einer der besten, pfiffigsten und gewandtesten Staatsmänner, die je das britische Weltreich regiert haben. Er war in seiner Art ein Genie, und was für ihn galt, gilt nicht unbedingt für jeden. Auf lange Sicht trägt Schmeichelei dem Schmeichler mehr Schaden ein als Nutzen. Schmeichelei ist falsch, und wie Falschgeld kann auch Schmeichelei demjenigen Schwierigkeiten bereiten, der versucht, sie bei andern anzubringen.

Woran aber erkennt man den Unterschied zwischen Anerkennung und Schmeichelei? Ganz einfach: Die eine ist echt, die andere unecht. Die eine kommt aus dem Herzen, die andere aus dem Mund. Die eine ist selbstlos, die andere selbstsüchtig. Die eine wird allgemein geliebt, die andere allgemein verurteilt.

Ich sah kürzlich eine Büste des mexikanischen Helden General Obregon im Chapultepec-Palast in Mexico City. Unter der Büste standen die weisen Worte des Generals: »Fürchte dich nicht vor Feinden, die dich angreifen. Hüte dich vor den Freunden, die dir schmeicheln.«

Ich möchte um Gottes willen nicht mißverstanden werden: Ich spreche nicht der Schmeichelei das Wort! Weit gefehlt! Ich spreche von einer *neuen Lebensweise.*

König Georg V. hatte an der Wand seines Arbeitszimmers im Buckingham-Palast sechs Wahlsprüche hängen. Einer davon lautete: »Man soll niemals billiges Lob austeilen noch annehmen.« Was ist Schmeichelei anderes als »billiges Lob«? Ich las einmal die folgende Definition von Schmeichelei: »Schmeichelei ist, wenn man einem andern Menschen genau das sagt, was er von sich selbst denkt.«

»Welcher Sprache man sich auch bedient«, sagte Ralph Waldo Emerson, »man kann immer nur so sprechen, wie man selbst ist.«

Wenn wir weiter nichts zu tun brauchten, als zu schmeicheln, dann würde es jeder tun, und wir wären Meister im Umgang mit Menschen.

Wenn wir nicht gerade an eine bestimmte Sache denken, dann bringen wir ungefähr fünfundneunzig Prozent unserer Zeit damit zu, an uns selbst zu denken. Wenn wir einmal eine Zeitlang aufhören würden, immer nur an uns zu denken und dafür an die guten Eigenschaften der andern, dann wären wir nicht darauf angewiesen, zu Schmeicheleien Zuflucht zu nehmen, die so billig und falsch sind, daß man sie schon als solche durchschaut, ehe sie noch ausgesprochen sind.

Anerkennung gehört in unserem täglichen Leben zu den am meisten vernachlässigten Tugenden. Aus Gedankenlosigkeit unterlassen wir es, unseren Sohn oder unsere Tochter zu loben, wenn sie gute Zeugnisse nach Hause bringen, und wir versäumen es, unsere Kinder zu ermutigen, wenn sie ihren ersten Kuchen gebacken oder ein Vogelhaus gebastelt haben. Dabei macht nichts Kinder so glücklich wie elterliche Anteilnahme und Anerkennung.

Wenn Ihnen das nächstemal im Restaurant ein Filet besonders geschmeckt hat, lassen Sie es dem Küchenchef mitteilen, und bedanken Sie sich bei ihr, wenn eine müde Verkäuferin speziell freundlich zu Ihnen ist.

Jeder Politiker, Vortragende oder Redner kennt das enttäuschende Gefühl, vor einer Zuhörerschaft zu stehen, die nicht einen einzigen Ton der Anerkennung äußert. Und was für diese Menschen gilt, gilt doppelt für alle, die in Büros, Verkaufsgeschäften und Fabriken arbeiten, gilt für unsere Familie und unsere Freunde. Im Umgang mit ihnen sollten wir nie vergessen, daß sie menschliche Wesen sind, die nach Anerkennung hungern.

Versuchen Sie auf Ihrem täglichen Weg einige Fünkchen Dankbarkeit fallenzulassen, und Sie werden überrascht feststellen, daß daraus kleine Flämmchen der Freundschaft entstehen, die bei Ihrem nächsten Besuch wie Leuchtfeuer strahlen.

Pamela Dunham hatte nebst anderen Aufgaben auch die Arbeit eines Pförtners zu überwachen, der seinen Dienst so schlecht versah, daß ihn die anderen Angestellten verspotteten und den Eingang absichtlich beschmutzten, um ihm zu zeigen, wie nachlässig er war. Dadurch ging kostbare Arbeitszeit verloren.

Pamela hatte schon verschiedentlich, aber erfolglos versucht, ihn anzuspornen, bis sie feststellte, daß er ganz bestimmte Arbeiten ausgezeichnet erledigte. Hierauf beschloß sie, ihn jeweils vor allen anderen dafür zu loben. Da wurden seine Leistungen auf einmal mit jedem Tag besser, und schon bald machte er alle Arbeiten zu voller Zufriedenheit. Heute ist er ein ausgezeichneter Mann und erntet von den anderen dafür Lob und Anerkennung. Aufrichtige Anerkennung hatte mehr Erfolg als Spott und Kritik.

Einen Menschen zu kränken ist weder angebracht, noch ändert es ihn. Es gibt ein altes Sprichwort, und ich habe es ausgeschnitten und an den Spiegel gesteckt, damit ich es jeden Tag unweigerlich sehe:

»Ich gehe diesen Weg nur ein einziges Mal; alles Gute und Freundliche, das ich irgendeinem Menschen erweisen oder bezeigen kann, laßt mich deshalb sogleich tun. Laßt es mich nicht hinausschieben und nicht vernachlässigen, denn ich werde diesen Weg kein zweites Mal gehen.«

Emerson sagte: »Jeder Mensch, mit dem ich zu tun habe, ist mir in irgendeiner Beziehung überlegen, und ich kann von ihm lernen.«

Wenn das für Emerson galt, gilt es dann nicht tausendmal mehr für Sie und für mich? Hören wir damit auf, immer nur an unsere Vollkommenheit und an unsere Wünsche zu denken. Versuchen wir doch, die guten Seiten der anderen zu entdecken. Vergessen wir die Schmeichelei und spenden wir aufrichtige, ehrliche Anerkennung.

Wenn wir »aufrichtig anerkennen und großzügig loben«, wie Schwab sagte, werden die Menschen unsere Worte bewahren und sich eine Ewigkeit daran erinnern – noch Jahre, nachdem wir sie längst vergessen haben.

☐ Spenden Sie großzügig aufrichtige
  Anerkennung.

3. Man muß den Fisch mit einem Köder locken, der ihm schmeckt

Ich fuhr oft im Sommer nach Maine zum Fischen. Ich selbst esse für mein Leben gern Erdbeeren mit Sahne, aber ich habe herausgefunden, daß die Fische aus irgendeinem mir unbekannten Grund Würmern den Vorzug geben. Wenn ich nun also fischen ging, dachte ich nicht daran, was *mir* schmeckt, sondern daran, was die Fische mochten, und steckte nicht Erdbeeren mit Sahne an den Angelhaken, sondern köderte sie mit einem Wurm oder einer Heuschrecke.

Warum handeln wir nicht ebenso vernünftig, wenn wir nach Menschen angeln?

Lloyd George, der englische Premierminister im Ersten Weltkrieg, hat es getan. Stellte man ihm die Frage, wie er es fertigbrachte, an der Macht zu bleiben, nachdem alle anderen Kriegsführer – Wilson, Orlando, Clemenceau – längst schon vergessen waren, dann gab er zur Antwort, daß seine Stellung möglicherweise nur darauf zurückzuführen sei, daß er gelernt habe, wie wichtig es ist, den Fisch mit einem Köder zu locken, der ihm schmeckt.

Warum immer nur von seinen eigenen Wünschen sprechen? So etwas ist albern und kindisch. Natürlich sind wir in erster Linie und immer und ewig daran interessiert, was wir selbst haben möchten. Aber das kümmert außer uns keinen Menschen. Die anderen machen es nämlich genauso wie wir: sie denken immer nur an das, was sie selbst gerne hätten.

Deshalb gibt es auf der ganzen Welt nur eine einzige Methode, um andere Menschen zu beeinflussen: mit ihnen über das zu sprechen, was *sie* haben möchten, und ihnen zeigen, wie sie es bekommen können.

Denken Sie morgen daran, wenn Sie bei jemandem etwas erreichen wollen. Möchten Sie zum Beispiel, daß Ihre Kinder nicht mehr rauchen, dann halten Sie ihnen keine Predigt und sprechen Sie nicht von dem, was *Sie* wünschen, sondern machen Sie sie darauf aufmerksam, daß das Rauchen schuld sein könnte, wenn sie nicht in die Fußballmannschaft aufgenommen werden oder den Hundertmeterlauf nicht gewinnen.

Diese Methode ist immer richtig, ob wir sie nun auf Kinder, Kälber oder Schimpansen anwenden. Ralph Waldo Emerson und sein Sohn versuchten einmal gemeinsam, ein Kalb in den Stall zu bringen. Sie machten aber beide den Fehler, daß sie nur an das dachten, was *sie* wollten. Der Junge zerrte an dem Tier, und Emerson schob es von hinten. Das Kalb aber wollte etwas anderes. Deshalb machte es die Beine steif und weigerte sich hartnäckig, die Weide zu verlassen. Das irische Dienstmädchen erfaßte die Lage augenblicklich. Sie konnte zwar keine gelehrten Abhandlungen und Bücher schreiben, aber in dieser Situation bewies sie mehr gesunden Menschenverstand – oder Kälberverstand – als Emerson. Sie wußte genau, was das Kalb gern hatte, steckte ihm die Finger ins Maul und ließ es daran lutschen, während sie es sanft in den Stall führte.

Alles, was Sie von der Stunde Ihrer Geburt an getan haben, taten Sie aus einem bestimmten Grund. Auch wenn Sie dem Roten Kreuz einen großen Betrag gaben, so ist das durchaus keine Ausnahme von der Regel. Sie spendeten diese Summe, weil Sie helfen und eine gute, selbstlose Tat vollbringen wollten. Hätte Ihnen dieses Gefühl nicht mehr bedeutet als das Geld, dann hätten Sie es nicht weggegeben. Vielleicht waren Sie zwar auch nur so großzügig, weil der Mann, der für das Rote Kreuz sammelt, ein Kunde von Ihnen ist, oder weil Sie fürchteten, daß man Sie für geizig hält. Eines aber stimmt trotzdem: Sie bezahlten diesen Betrag, weil Sie etwas wollten.

Professor Harry A. Overstreet schrieb in seinem aufschlußreichen Buch über das menschliche Verhalten: »Jede Handlung geht auf einen ursprünglichen Wunsch zurück ... und der beste Rat an alle, die im Geschäft, zu Hause, in der Schule oder in der Politik einflußreich sein möchten, lautet deshalb: Man muß immer zuerst beim anderen das Bedürfnis wecken, das zu tun, was wir von ihm wünschen. Wem dies gelingt, der hat die ganze Welt auf seiner Seite. Der andere aber wandelt auf einsamem Pfad.«

Andrew Carnegie, der bettelarme Schottenjunge, der mit zwei Cents Stundenlohn angefangen hat und am Ende seines Lebens 365 Millionen Dollar verschenkte, lernte schon früh, daß man von dem sprechen muß, was die andern gerne haben möchten, wenn man sie beeinflussen will. Er ging zwar nur vier Jahre zur Schule, aber er verstand es, mit Menschen umzugehen.

Seine Schwägerin war einst in großer Sorge um ihre beiden Söhne. Diese waren in New York so sehr mit ihren eigenen Angelegenheiten beschäftigt, daß sie nicht daran dachten, nach Hause zu schreiben, und den flehenden Briefen ihrer Mutter keine Beachtung schenkten.

Carnegie wettete hundert Dollar, daß er die beiden Jungen postwendend zum Schreiben bringen könne, ohne sie auch nur darum zu bitten. Die Wette wurde angenommen, und Carnegie schrieb seinen Neffen einen freundlichen Brief, in dem er so nebenbei erwähnte, er lege für jeden fünf Dollar in den Umschlag.

Dann schickte er den Brief »versehentlich« ohne die versprochene Beilage ab.

Postwendend traf die Antwort ein. Man dankte dem »lieben Onkel Andrew« für sein Schreiben, aber leider ... Den Rest des Satzes können Sie sich denken.

Ein anderes Beispiel von Überzeugungskunst stammt von einem meiner Kursteilnehmer. Als er eines Abends von der Arbeit nach Hause kam, fand er seinen Jüngsten trotzend und heulend auf dem Wohnzimmerboden. Er sollte am anderen Tag in den Kindergarten eintreten und protestierte, er gehe nicht. Die normale Reaktion des Vaters wäre gewesen, den Jungen auf sein Zimmer zu schikken, damit er sich anders besinne. An jenem Abend jedoch spürte er, daß diese Methode nicht dazu angetan war, in seinem Sohn die richtige Einstellung zum Kindergarten zu erwecken. Also setzte er sich hin und überlegte. »Warum könnte ich mich auf den Kindergarten freuen, wenn ich jetzt an Tommys Stelle wäre?« Zusammen mit seiner Frau stellte er eine Liste all der spannenden Dinge auf, die den Kleinen im Kindergarten erwarteten: mit Fingerfarben malen, Lieder singen, andere Kinder kennenlernen. Dann schritten die Eltern zur Tat. »Wir setzten uns alle um den Küchentisch und malten mit Fingerfarben – die Mama, der ältere Bruder und ich. Es war ein großer Spaß, und schon bald schielte Tommy um die Ecke. Als nächstes wollte er auch mitmachen. ›O nein, dazu muß man erst in den Kindergarten gehen und lernen, wie man mit Fingerfarben malt.‹ Und dann erzählte ich ihm anhand unserer Liste mit der größten Begeisterung, die ich aufbringen konnte, und in Worten, die er verstand, was für herrliche Dinge er im Kindergarten tun und erleben würde. Am anderen Morgen dachte ich, als erster aufgestanden zu sein, aber als ich ins Wohnzimmer kam, lag Tommy schlafend in einem Sessel. ›Was machst du denn hier?‹ fragte ich. ›Ich warte, um in den Kindergarten zu gehen. Ich möchte nicht zu spät kommen.‹ Die Begeisterung der ganzen Familie hatte in ihm ein solches Verlangen geweckt, wie wir es mit Zureden oder Drohungen kaum hätten erreichen können.«

Nehmen wir einmal an, Sie wollen morgen jemanden veranlassen, etwas Bestimmtes zu tun. Nun überlegen Sie erst, bevor Sie sprechen, und fragen Sie sich: Wie kann ich ihn dazu bringen, daß er es *tun möchte*?

Diese Frage hält Sie davon ab, die andern zwecklos Hals über Kopf mit Ihren eigenen Wünschen zu überfallen.

Ich mietete während Jahren zweimal für zwanzig Abende den großen Saal eines bestimmten Hotels in New York, um darin eine Reihe von Vorträgen zu halten. Eines Jahres nun teilte man mir unverhofft mit, daß ich von nun an fast dreimal soviel Miete zahlen müßte wie bisher. Als mich diese Nachricht erreichte, waren die Eintrittskarten schon gedruckt und im Verkauf und die Inserate publiziert.

Natürlich gedachte ich nicht, diesen Aufschlag zu bezahlen, aber was hatte es für einen Sinn, mich mit dem Hoteldirektor darüber zu unterhalten, was *ich* wollte? Ihn interessierte nur, was *er* wollte. Ein paar Tage später sprach ich bei ihm vor.

»Ich bin, offen gestanden, ein bißchen erschrocken, als ich Ihren Brief bekam«, begann ich. »Aber ich mache Ihnen durchaus keinen Vorwurf. An Ihrer Stelle hätte ich wahrscheinlich dasselbe geschrieben. Als Direktor ist es Ihre Aufgabe, dafür zu sorgen, daß das Hotel soviel wie möglich einbringt, sonst werden Sie entlassen, und das mit Recht. Am besten, wir setzen uns einmal hin und schreiben die Vor- und Nachteile auf, die für Sie dabei herausschauen, wenn Sie auf diesem Preisaufschlag beharren.«

Ich nahm ein Blatt Papier, zog in der Mitte einen Strich

durch und überschrieb die eine Kolonne mit »Vorteile«, die andere mit »Nachteile«. Unter »Vorteile« notierte ich: Saal frei. »Sie haben den Vorteil, daß der Saal für Bälle und Versammlungen zur Verfügung steht«, sagte ich. »Das ist ein großer Vorteil, denn solche Anlässe werfen bedeutend mehr ab, als Sie für eine Serie von Vorträgen bekommen. Wenn ich nun den Saal an jeweils zwanzig Abenden mit meinen Kursen belege, bedeutet das ohne Zweifel für Sie den Verlust von einigen sehr einträglichen Geschäften.

Nun sehen wir uns einmal die Nachteile an. Statt daß Sie in Zukunft mehr Geld von mir erhalten, bekommen Sie gar keines mehr, denn ich kann die neue Miete nicht bezahlen, die Sie verlangen, und bin gezwungen, mich nach einem anderen Saal umzusehen.

Dann gibt es für Sie noch einen zweiten Nachteil. Diese Vorträge bringen eine Menge gebildeter und kultivierter Menschen in Ihr Hotel. Das ist eine sehr gute Reklame für das Haus. Selbst wenn Sie für fünftausend Dollar Inserate erscheinen lassen, wird Ihr Hotel nicht bei so vielen Leuten bekannt werden wie durch meine Vorträge. Das ist für ein Hotel, wie Sie wissen, sehr wichtig.«

Während ich sprach, trug ich diese zwei ›Nachteile‹ in die entsprechende Kolonne ein. Dann überreichte ich das Blatt dem Direktor und sagte: »Ich wäre froh, wenn Sie diese Vor- und Nachteile sorgfältig gegeneinander abwägen und mir dann Ihre endgültige Entscheidung bekanntgeben würden.«

Am nächsten Tag wurde mir in einem Brief mitgeteilt, daß meine Miete nur um die Hälfte erhöht würde statt um das Dreifache.

Diese Reaktion erreichte ich, wohlverstanden, ohne auch nur ein einziges Wort über meine Wünsche zu verlieren. Ich sprach die ganze Zeit von nichts anderem als von dem, was der Direktor wünschte, und davon, wie er es bekommen könnte.

Angenommen, ich hätte gehandelt, wie das so allgemein unter Menschen üblich ist, und wäre in sein Büro gestürmt mit den Worten: »Was fällt Ihnen ein, meine Miete um dreihundert Prozent hinaufzusetzen, wenn Sie doch genau wissen, daß die Eintrittskarten schon gedruckt und die Inserate erschienen sind? Dreihundert Prozent! Daß ich nicht lache! Das bezahle ich Ihnen nie und nimmer!«

Was wäre dann geschehen? Ein Wort hätte das andere gegeben, und wie solche Diskussionen ausgehen, brauche ich Ihnen wohl nicht zu schildern. Selbst wenn ich den Direktor von seinem Unrecht überzeugt hätte, sein Stolz hätte ihm verboten, zurückzukrebsen und nachzugeben.

Einen der nützlichsten Ratschläge im Umgang mit Menschen gab uns Henry Ford: *»Wenn es überhaupt ein Geheimnis des Erfolges gibt, so besteht es in der Fähigkeit, sich auf den Standpunkt des anderen zu stellen und die Dinge ebenso von seiner Warte aus zu betrachten wie von unserer.«*

Das ist so einfach, so einleuchtend – und doch verstoßen neunzig Prozent aller Menschen in neunzig von hundert Fällen gegen dieses Gebot.

Sehen Sie sich nur einmal die Briefe an, die morgen früh auf Ihrem Schreibtisch liegen, und Sie werden feststellen, daß die meisten davon diese goldene Regel des gesunden Menschenverstandes mißachten. Zum Beispiel der folgende Brief. Er stammt vom Chef der Abteilung für Rundfunkwerbung einer Reklameagentur mit Zweigniederlassungen auf dem ganzen Kontinent und war an die Leiter aller lokalen Sendestationen gerichtet. (In Klammern mein Kommentar zu jedem Abschnitt.)

Sehr geehrter Herr Blank,

die . . . -Gesellschaft möchte auch weiterhin eine führende Stellung als Werbeagentur auf dem Gebiet der Rundfunkwerbung einnehmen.

(Was kümmert mich, was Ihre Gesellschaft möchte. Ich habe genug an meinen eigenen Sorgen. Die Bank will mir die Hypothek auf meinem Haus kündigen, die Blattläuse fressen mir die Rosenstöcke, gestern sind die Börsenkurse gefallen, heute früh verpaßte ich den Achtuhrfünfzehnzug, kürzlich sagte mir mein Arzt, ich hätte einen zu hohen Blutdruck, außerdem leide ich an Nervenentzündung und Schuppen. Und was passiert nun? Von Sorgen geplagt komme ich ins Büro, öffne die Post, und da quasselt mir so ein Grünschnabel aus New York vor, was seine Gesellschaft möchte. Bah! Wenn der eine Ahnung hätte, welchen Eindruck sein Brief macht, würde er schnellstens aus der Werbebranche aussteigen und Straßenkehrer werden.)

Die nationalen Werbebudgets unserer Agentur bildeten bisher das Fundament des gesamten Werbefunks. Wir konnten mit unseren Werbeaufträgen Jahr für Jahr mehr Sendezeit füllen als jede andere Agentur.

(Ihre Gesellschaft ist also groß und reich und tüchtiger als alle anderen. Na und? Meinetwegen kann sie so groß sein wie General Motors und General Electric und alle Generäle der amerikanischen Armee noch dazu. Wenn Sie in Ihrem Spatzenhirn auch nur eine Unze Verstand hätten, müßten Sie wissen, daß mich einzig und allein interessiert, wie groß *ich* bin. Neben dem ganzen Geschwätz über den ungeheuren Erfolg Ihrer Firma komme ich mir klein und nichtig vor.)

Wir wünschen unsere Auftraggeber laufend über die neuesten Sendemöglichkeiten von Funkwerbung zu informieren.

(*Sie* wünschen! *Sie* wünschen! Sie ausgewachsener Trottel. Was *Sie* wünschen oder was irgend jemand wünscht, interessiert mich alles nicht. Lassen Sie sich das ein für allemal gesagt sein: Mich interessiert nur, was *ich* wünsche – und davon steht in Ihrem läppischen Brief bis jetzt kein Wort.)

Würden Sie deshalb die . . . -Gesellschaft auf die Vorzugsliste der regelmäßigen Empfänger der wöchentlichen Informationsbulletins Ihrer Rundfunkstation setzen, damit wir für unsere Kunden geeignete Sendezeiten belegen können.

(»Vorzugsliste«. Das schlägt dem Faß nun doch den Boden aus! Da geben Sie mir mit Ihrem hochtrabenden Gewäsch über Ihre Gesellschaft das Gefühl, ich sei der letzte Gartenzwerg – und dann verlangen Sie von mir, daß ich Sie auf eine »Vorzugsliste« setze. Dabei halten Sie es nicht einmal für nötig, »bitte« zu sagen.)

Eine umgehende Empfangsbestätigung dieses Briefes mit gleichzeitigen Angaben über Ihre zukünftige Programmgestaltung wäre für beide Teile nützlich.

(Idiot! Sie schicken mir einen vervielfältigten Brief ins Haus – ein Rundschreiben, das überall herumwirbelt wie Herbstblätter – und haben die Kühnheit, von mir zu verlangen, daß ich mich hinsetze, während mich die Sorgen um die Hypothek, die Blattläuse und den Blutdruck quälen, und ein persönliches Schreiben diktiere, um Ihren Wisch zu bestätigen. Und das erst noch »umgehend«. Was heißt hier »umgehend«? Wissen Sie eigentlich nicht, daß ich genausoviel zu tun habe wie Sie – oder es mir jedenfalls einbilde? Wer gab Ihnen überhaupt das Recht, mich herumzukommandieren? . . . Sie schreiben, es wäre »für beide Teile nützlich«. Endlich, endlich kommt Ihnen in den Sinn, die Sache auch einmal von meinem Standpunkt aus zu betrachten. Inwiefern ich davon profitieren würde, verraten Sie allerdings nicht.)

Mit vorzüglicher Hochachtung
John Doe
Leiter der Abteilung für Rundfunkwerbung

PS Der beiliegende Zeitungsausschnitt wird Sie interessieren. Vielleicht lassen Sie ihn über Ihre Station senden.

(Jetzt, im Nachsatz, erwähnen Sie endlich etwas, das mir helfen könnte, meine Probleme zu lösen. Warum haben Sie nicht am Anfang Ihres Briefes davon gesprochen? Aber lassen wir das. Ein Reklamefachmann, der einen solchen Unsinn in die Welt hinausschickt, müßte einmal sein verlängertes Mark zur Untersuchung bringen. Was Sie brauchen, sind nicht Angaben über unsere zukünftige Programmgestaltung: Sie brauchen einen Liter Jod für Ihre Schilddrüsen.)

Wenn jemand, der sein Leben lang in der Werbung tätig war und sich einbildet, er beherrsche die Kunst, Menschen zum Kaufen zu animieren, einen solchen Brief schreibt, was können wir dann von einem Metzger, Bäkker oder Automechaniker erwarten?

Hier gleich noch ein weiterer Brief. Er wurde vom Leiter eines großen Transportunternehmens an einen meiner Kursteilnehmer geschickt. Was glauben Sie, welche Wirkung dieser Brief auf den Empfänger hatte?

Sehr geehrte Herren,
der Betrieb unserer Speditionsabteilung leidet darunter, daß ein
wesentlicher Teil der zum Transport bestimmten Güter jeweils erst
am späten Nachmittag in unseren Besitz gelangt. Das führt zu
Stauungen, Überstunden unserer Angestellten, verspäteter Spedi-
tion und in einigen Fällen zu verspäteten Lieferungen. So trafen
beispielsweise am 10. November von Ihrer Firma 510 Fracht-
stücke erst um 16.20 Uhr zum Versand bei uns ein.

Wir bitten dringend um Ihre Mithilfe, damit sich in Zukunft
solche Schwierigkeiten wegen später Anlieferung der Güter ver-
meiden lassen. Dürfen wir Sie deshalb ersuchen, uns Sendungen,
die noch am Aufgabetag spediert werden sollen, früher oder zum
Teil schon am Vortag zu liefern? Unter diesen Umständen wären
wir sicher in der Lage, Ihnen eine schnellere Abfertigung zu garan-
tieren, mit der Zusicherung, daß die Güter noch gleichentags bei
uns abgehen.

Mit vorzüglicher Hochachtung
Der Geschäftsführer: J . . . B . . .

Nachdem der Verkaufsleiter der angeschriebenen Firma
diesen Brief gelesen hatte, schickte er ihn mit dem folgenden Kommentar an mich: »Dieser Brief hat genau die ge-
genteilige Wirkung. Er beginnt mit den Schwierigkeiten
der Transportfirma, die uns im Grunde gar nicht interessieren. Man ersucht uns um unsere Mitarbeit, ohne auch
nur zu fragen, ob uns das überhaupt paßt. Erst im letzten
Abschnitt wird erwähnt, daß unter dieser Voraussetzung
eine schnellere Abfertigung möglich ist und unsere Waren garantiert noch am selben Tage spediert werden. Das
einzige, woran wir wirklich interessiert sind, steht am
Schluß des Briefes, und dadurch werden wir eher zu Widerspruch gereizt, statt zu Mithilfe angeregt.«

Versuchen wir einmal, diesen Brief anders und besser
zu formulieren. Vergessen wir die Probleme der Transportfirma, stellen wir uns auf den Standpunkt des Kun-

den und betrachten wir die Sache aus seiner Sicht, wie Henry Ford uns das gelehrt hat.

Ich möchte den folgenden Text vorschlagen. Er ist vielleicht nicht der beste, aber jedenfalls besser.

Sehr geehrter Herr Petersen,

Ihre Firma zählt seit vierzehn Jahren zu unseren besten Kunden. Wir sind Ihnen für Ihr Vertrauen in unser Unternehmen sehr dankbar und stets bemüht, Sie rasch und zu Ihrer vollen Zufriedenheit zu bedienen. Wir bedauern daher aufrichtig, daß uns dies nicht immer möglich ist, wenn große Sendungen Ihrer Firma erst spät am Nachmittag in unserer Speditionsabteilung angeliefert werden wie beispielsweise am 10. November. Weil viele andere Kunden ihre Güter ebenfalls erst spät am Nachmittag bringen, entstehen unvermeidliche Stauungen. Das hat zur Folge, daß Ihre Sendungen nicht so schnell abgefertigt werden können und oft sogar erst am anderen Tag zum Versand kommen.

Solche Verzögerungen sind sehr unliebsam und könnten vermieden werden. Sofern es Ihnen möglich wäre, die Versandposten Ihrer Firma bereits am Vormittag bei uns anzuliefern, würden Ihre Wagen unverzüglich abgeladen und Ihre Güter gleichentags befördert werden. Und unsere Arbeiter könnten außerdem rechtzeitig Feierabend machen und sich zu Hause hinter eine Platte jener vorzüglichen Makkaroni oder Spaghetti setzen, die von Ihrer Firma hergestellt werden.

Aber auch wenn es Ihnen nicht möglich sein sollte, Ihre Sendungen früher anzuliefern, werden wir uns weiterhin bemühen, Sie prompt zu bedienen.

Sie sind sehr beschäftigt. Bitte, lassen Sie deshalb diesen Brief ruhig unbeantwortet.

Mit vorzüglicher Hochachtung
Der Geschäftsführer: J ... B ...

Barbara Anderson, die bei einer Bank in New York arbeitete, wünschte wegen der Gesundheit ihres Sohnes nach

Phoenix, Arizona, zu ziehen. Unter Beachtung der Grundsätze, die sie in unserem Kurs gelernt hatte, schrieb sie an zwölf verschiedene Banken in Phoenix den folgenden Brief:

Sehr geehrte Herren,
es wäre denkbar, daß meine zehnjährige Bankerfahrung einem florierenden Unternehmen wie dem Ihren von Nutzen sein könnte.

Durch meine Mitarbeit in den verschiedenen Abteilungen der Bankers Trust Company in New York, die zu meiner gegenwärtigen Anstellung als Filialleiterin geführt hat, erhielt ich Gelegenheit, mich in allen Sparten des Bankgeschäfts gründlich auszubilden, einschließlich Kundenberatung, Darlehen und Hypotheken sowie Administration.

Im kommenden Mai werde ich meinen Wohnsitz nach Phoenix verlegen, und ich bin überzeugt, daß ich durch meine Mitarbeit zu Gewinn und Wachstum Ihrer Bank beitragen kann. Ich werde mich in der Woche vom 3. April in Phoenix aufhalten und würde mich freuen, mit Ihnen darüber zu sprechen, in welchem Umfang ich meine Kenntnisse zum Erfolg Ihrer Bank einsetzen könnte.

Mit vorzüglicher Hochachtung
Barbara L. Anderson

Glauben Sie, daß Mrs. Anderson auf diese Briefe eine Antwort bekam? Elf von den zwölf Banken, an die sie geschrieben hatte, baten sie zu einer Besprechung, und sie konnte unter verschiedenen Angeboten auswählen. Warum? Mrs. Anderson zählte nicht auf, was sie gern gehabt hätte, sondern stellte die Wünsche der anderen in den Mittelpunkt, nicht ihre eigenen.

Es gibt Tausende von müden, mutlosen und schlechtbezahlten Vertretern. Warum? Weil sie immer nur an das denken, was sie wollen. Sie merken nicht, daß weder Sie noch ich etwas kaufen wollen. Sonst würden wir nämlich hingehen und es kaufen. Wir sind ewig nur an unseren eigenen Problemen interessiert. Wenn ein Vertreter uns demonstrieren kann, daß seine Dienste oder seine Ware helfen, unsere Probleme zu lösen, dann braucht er sich den Mund nicht wundzureden. Dann kaufen wir. Ein Kunde will das Gefühl haben, daß er etwas kauft – nicht, daß ihm etwas verkauft wird.

Trotzdem gibt es eine Unzahl Menschen, die verkaufen wollen, ohne sich auf den Standpunkt des Kunden zu stellen. Ich wohnte lange Zeit in einer kleinen Siedlung mit Einfamilienhäusern am Rand von New York. Als ich eines Tages zum Bahnhof eilte, traf ich zufällig einen Grundstücksmakler, der jahrelang in jener Gegend mit Grundstücken gehandelt hatte. Da er unsere Siedlung gut kannte, fragte ich ihn beiläufig, ob mein Haus eigentlich mit Metallträgern oder aus Hohlziegeln gebaut sei. Er sagte, er wisse es nicht, und erzählte mir, was mir längst bekannt war: daß ich mich bei der zuständigen Siedlungsgenossenschaft erkundigen könne. Anderntags erhielt ich einen Brief von ihm. Ich dachte erst, daß er mir nun die Antwort auf meine Frage schicke. Ich hätte sie am Telefon in sechzig Sekunden erfahren können. Aber dem war nicht so. Er wiederholte nur nochmals, daß ich bei der besagten Genossenschaft nachfragen könne, und schlug mir vor, bei ihm eine Versicherung abzuschließen.

Es lag ihm nichts daran, mir zu helfen. Er war einzig daran interessiert, sich selbst zu helfen.

Ein Bekannter von mir erlebte ein Musterbeispiel, wie verschieden sich zwei Vertreter ein und derselben Gesellschaft in der genau gleichen Situation verhalten haben.

»Vor mehreren Jahren gehörte ich zu den leitenden Angestellten eines kleinen Unternehmens. Nicht weit von uns befand sich die Zweigstelle einer großen Versicherungsgesellschaft. Sämtliche Vertreter dieser Gesellschaft hatten ihr bestimmtes Einzugsgebiet, und unser

Unternehmen befand sich im Sektor von zwei Vertretern, die ich hier als Carl und John bezeichnen möchte.

Eines Morgens kam Carl zu uns ins Büro und erwähnte beiläufig, seine Gesellschaft hätte eine ganz neuartige Lebensversicherung für leitende Angestellte eingeführt. Er dachte, das würde uns vielleicht interessieren, und versprach, wieder vorbeizukommen, sobald er uns genauere Angaben machen könne.

Noch am gleichen Tag erblickte uns John auf der Straße, als wir eben von einer Kaffeepause kamen, und rief: ›He, Lukas, warten Sie einen Moment, ich habe eine große Sache für euch Jungs.‹ Er eilte über die Straße und erzählte uns ganz aufgeregt von einer neuen Lebensversicherung für Angestellte in leitender Stellung, die seine Gesellschaft gerade an diesem Tag eingeführt hatte. (Es war die gleiche Versicherung, die Carl beiläufig erwähnt hatte.) Er wollte unbedingt, daß wir als erste davon profitierten. Er nannte uns ein paar wichtige Vorteile und meinte abschließend: ›Die Sache ist noch so brandneu, daß ich auf morgen jemand von der Generalagentur bestellt habe, um uns alles genau zu erklären. Aber inzwischen können wir schon mal die Anträge aufsetzen und unterzeichnen, dann haben wir morgen gleich ein paar Übungsbeispiele.‹ Mit seiner Begeisterung weckte er in uns das Verlangen nach dieser Versicherung, obschon wir noch keine Einzelheiten kannten. Doch diese bestätigten später Johns erste Angaben, und er konnte nicht nur mit jedem von uns eine Police abschließen, sondern die Summe nach einiger Zeit sogar verdoppeln.

Carl hätte diese Abschlüsse ebenfalls tätigen können, aber er hatte sich nicht bemüht, in uns den Wunsch nach dieser Versicherung zu wecken.«

Die Welt ist voll habgieriger, selbstsüchtiger Menschen. Deshalb haben die wenigen, die selbstlos versuchen, anderen zu dienen, einen ungeheuren Vorteil. Sie stehen praktisch konkurrenzlos da. Der berühmte Anwalt und einer der größten Wirtschaftsführer Amerikas, Owen D. Young, sagte einmal: »Ein Mensch, der sich in die Lage der andern versetzen kann und Verständnis aufbringt für deren Überlegungen, braucht um seine Zukunft nicht zu bangen.«

Wenn Sie aus diesem Buch nur das eine lernen: die Dinge vermehrt vom Standpunkt des andern aus zu überdenken, sie mit seinen Augen zu betrachten, dann ist es leicht möglich, daß sich diese Lehre als Markstein in Ihrer Karriere erweist.

Den Standpunkt des andern zu berücksichtigen und in ihm den dringenden Wunsch nach einer bestimmten Sache zu wecken, will nicht heißen, daß man den andern so lange beschwatzen soll, bis er etwas tut, das nur zu Ihrem Vorteil und für ihn von Nachteil ist. Jede Partei muß bei einem solchen Handel gewinnen. Der Brief an Mr. Petersen verhieß sowohl dem Verfasser wie dem Empfänger einen Vorteil, wenn die darin enthaltenen Anregungen befolgt wurden. Sowohl die Bank wie Mrs. Anderson profitierten von ihrem Brief, indem die Bank zu einer tüchtigen Angestellten und Mrs. Anderson zu einem passenden Job kam. Und auch die Lebensversicherung, die John an Mr. Lukas verkauft hat, bringt beiden Parteien einen Vorteil.

Ein anderes Beispiel, wie alle dabei gewinnen können, wenn man nach dem Prinzip verfährt, im andern das Bedürfnis zu wecken, das zu tun, was man von ihm wünscht, lieferte uns Michael Widden. Michael ist Vertreter der Shell-Ölgesellschaft und hatte sich vorgenommen, der erfolgreichste Vertreter in seiner Region zu werden. Daran jedoch hinderte ihn eine einzige Tankstelle. Sie wurde von einem älteren Mann geführt, der sich durch nichts dazu bewegen ließ, seine Anlage sauberzuhalten. Die Tankstelle war in einem so erbärmlichen Zustand, daß der Umsatz immer mehr zurückging.

Der Tankwart hatte für Michaels Bitten, die Tankstelle doch besser in Ordnung zu halten, nur taube Ohren. Nach vielen Ermahnungen und offenen Aussprachen – die alle ohne Wirkung blieben – faßte Michael den Entschluß, diesem Kunden einmal die neueste Tankstelle in seinem Sektor zu zeigen.

Der Mann war von dieser funkelnagelneuen modernen Anlage so beeindruckt, daß seine eigene Tankstelle bei Michaels nächstem Besuch sauber geputzt und der Umsatz bereits gestiegen war. So wurde Michael Widden schließlich doch noch der erfolgreichste Vertreter in seiner Region. Alles Reden und Bitten hatte nichts genützt; erst als er dem Tankwart die neueste Tankstelle zeigte und durch dieses Beispiel den Wunsch in ihm weckte, sauberer und ordentlicher zu sein, kam er ans Ziel, und sowohl der Tankwart wie Michael profitierten von dieser neuen Situation.

Die meisten Leute besuchen höhere Schulen, lernen Latein, dringen in die Geheimnisse der Mathematik ein, aber nach welchem Gesetz der menschliche Denkapparat funktioniert, entdecken sie nie.

Ich erteilte einmal an einer höheren Schule einen Kurs über erfolgreiches Sprechen. Meine Zuhörer waren junge Leute, die demnächst ins Berufsleben eintreten sollten. Einer der Kursteilnehmer wollte die anderen dazu überreden, in ihrer Freizeit mit ihm Basketball zu spielen, und sagte ungefähr folgendes: »Ich möchte, daß ihr mitkommt und Basketball spielt. Ich spiele leidenschaftlich gern Basketball, aber ich kriege keine richtige Mannschaft zusammen. Gestern abend konnten wir bloß zu dritt ein wenig mit dem Ball trainieren. Ich wollte, ihr würdet morgen abend alle mitkommen, damit man wieder einmal richtig spielen kann.«

Sagte er auch nur ein einziges Wort davon, was die anderen wollten? Niemand hat Lust, als Lückenbüßer einzuspringen. Niemanden kümmert es, daß der junge Mann gerne Basketball spielen wollte.

Hätte er die ganze Sache so hingestellt, daß sie den Wünschen der anderen entgegengekommen wäre – mehr Bewegung, Entspannung, Ablenkung, klarer Kopf, Spaß, Spiel, Basketball –, dann hätte er seine Mannschaft beisammen gehabt.

Denken wir an Professor Overstreets klugen Rat: »Man muß immer zuerst im anderen das Bedürfnis wekken, das zu tun, was wir von ihm wünschen. Wem dies gelingt, der hat die ganze Welt auf seiner Seite. Der andere aber wandelt auf einsamem Pfad.«

Einer meiner Kursteilnehmer machte sich Sorgen um seinen kleinen Jungen. Das Kind hatte Untergewicht und weigerte sich, ordentlich zu essen. Seine Eltern schimpften und nörgelten an ihm herum, wie das in solchen Fällen üblich ist. »Mami möchte, daß du dies und jenes ißt«, »Papi wünscht, daß du groß und stark wirst.«

Der Knabe schenkte den Vorwürfen und Bitten seiner Eltern nicht die geringste Beachtung. Niemand mit nur einigermaßen gesundem Menschenverstand kann von einem dreijährigen Kind erwarten, daß es auf die Wünsche seines dreißigjährigen Vaters eingeht. Genau das aber hatte der Vater erwartet. Schließlich sah er sein ungeschicktes Verhalten ein und begann sich zu fragen: »Was wünscht sich der Junge? Wie kann ich das, was ich will, in Einklang bringen mit dem, was er gerne möchte?«

Von dem Moment an ging alles wie am Schnürchen. Der Junge hatte ein Dreirad, mit dem er leidenschaftlich gerne auf dem Trottoir vor dem Haus auf und ab fuhr. Wenige Häuser weiter weg aber wohnte sein ›Feind‹ – ein etwas größerer Junge, der den Kleinen immer von seinem Rad herunterschubste, um selbst damit zu fahren. Beinahe täglich wiederholte sich die gleiche Szene: Das Kind kam weinend zu seiner Mutter gelaufen, sie ging hin, nahm dem Großen das Dreirad weg und setzte ihren Kleinen wieder darauf.

Man brauchte kein Sherlock Holmes zu sein, um herauszufinden, was sich der kleine Junge wünschte. Sein ganzer Stolz, sein Zorn und sein Selbstbewußtsein – alle tief im menschlichen Wesen verwurzelte, leidenschaftliche Gefühle – verlangten danach, sich zu rächen und dem ›Feind‹ die Nase einzuschlagen. Als sein Vater ihm erklärte, wenn er richtig esse, dann könne er eines Tages den größeren Jungen nach Strich und Faden verdreschen, gab es am Tisch hinfort kein Theater mehr. Der Junge hätte Spinat, Sauerkraut und gesalzene Makrelen gegessen, um möglichst bald groß genug zu sein, um den Kerl zu verhauen, der ihn so oft beleidigt hatte.

Ein anderer Vater, von Beruf Techniker, der ebenfalls an einem meiner Kurse teilnahm, konnte seine dreijährige Tochter nie dazu bringen, ihr Frühstück zu essen. Die üblichen Methoden, Schimpfen, Bitten, Zureden, blieben erfolglos. Da fragten sich die Eltern schließlich: Was können wir tun, damit sie ihr Frühstück essen *will*?

Das kleine Mädchen liebte es, seine Mutter nachzuahmen, weil es sich dann groß und erwachsen fühlte. Also stellten sie das Kind eines Morgens auf einen Stuhl und ließen es das Frühstück selbst zubereiten. Im psychologisch richtigen Moment, als es gerade eifrig die Flocken rührte, trat der Vater in die Küche, und die Kleine sagte: »Schau, Papi, heute mache ich die Flocken zurecht.«

An jenem Morgen aß die Kleine ohne Widerstreben gleich zwei Portionen, denn jetzt war sie selbst daran interessiert. Ihr Selbstgefühl war erwacht, und sie hatte einen Weg gefunden, ihre Persönlichkeit zum Ausdruck zu bringen, indem sie das Frühstück zubereitete.

William Winter bemerkte einmal, daß die menschliche Natur unbedingt danach verlangt, ihre Persönlichkeit auszudrücken. Warum handeln wir nicht auch im Geschäftsleben nach dieser Erkenntnis? Wenn wir eine großartige Idee haben, dann protzen wir damit herum, anstatt den anderen den Gedanken nur zu suggerieren und sie die Idee selbst ausbacken zu lassen. Sie betrachten sie dann nämlich als ihre eigene, sind stolz darauf – und lassen sie womöglich gleich in mehrfacher Auflage von Ihnen ausführen.

☐ Wecken Sie im andern ein dringendes Bedürfnis.

4. Wer sich für andere interessiert, ist überall willkommen

Wozu ein Buch lesen, um herauszufinden, wie man Freunde gewinnt? Warum nicht die Methode des kompetentesten Sachverständigen auf diesem Gebiet studieren? Wer das ist? Sie können ihm morgen schon auf der Straße begegnen. Sobald Sie ihm auf fünf Meter nahe sind, beginnt er mit dem Schwanz zu wedeln. Wenn Sie stehenbleiben und ihn streicheln, fährt er beinahe aus der Haut, um Ihnen zu zeigen, wie gut er Sie mag. Dabei wissen Sie genau, daß sich hinter seinen Sympathiekundgebungen keine Nebenabsichten verbergen. Er will Ihnen kein Grundstück verkaufen, und er will Sie auch nicht heiraten.

Haben Sie je daran gedacht, daß der Hund das einzige Tier ist, das sich seinen Lebensunterhalt nicht verdienen muß? Ein Huhn muß Eier legen, ein Kanarienvogel muß singen, aber ein Hund verdient sein Leben einzig und allein damit, daß er Sie gern hat.

Als ich fünf Jahre alt war, kaufte mein Vater für fünf Cents einen kleinen gelbhaarigen Welpen. Er war die Freude meiner Kindheit.

Jeden Nachmittag gegen halb fünf saß er im Hof und blickte unverwandt die Zufahrt entlang, und sobald er meine Stimme hörte, schoß er wie ein Pfeil los und rannte atemlos den Hügel herauf, um mich mit Freudensprüngen und aufgeregtem Gebell zu begrüßen.

Tippy war fünf Jahre lang mein ständiger Begleiter. Dann wurde er eines Nachts, wenige Meter von mir entfernt, vom Blitz erschlagen. Sein Tod war für mich eine Tragödie.

Tippy hatte nie ein Buch über Psychologie gelesen. Er hatte es nicht nötig. Sein natürlicher Instinkt sagte ihm, daß jemand, der sich für andere interessiert, in zwei Monaten mehr Freunde gewinnt als einer, der immer nur versucht, die andern für sich zu interessieren, in zwei Jahren. Lassen Sie mich diesen Satz wiederholen: *Wer sich für andere interessiert, gewinnt in zwei Monaten mehr Freunde als jemand, der immer nur versucht, die andern für sich zu interessieren, in zwei Jahren.*

Sie und ich kennen Menschen, die ihr ganzes Leben lang versuchen, die andern für sich zu interessieren. Natürlich klappt das nicht. Die Leute sind weder an Ihnen noch an mir interessiert. Sie interessieren sich ausschließlich für sich selbst – am Morgen, am Mittag, am Abend.

Die New Yorker Telefongesellschaft stellte eine genaue Untersuchung darüber an, welches Wort in den Telefongesprächen am häufigsten vorkommt. Sie haben es sicher schon erraten: Es ist das Wörtchen ich, ich, ich. Es wurde in fünfhundert Gesprächen 3900mal gesagt. Ich, ich, ich, ich, ich.

Wenn Sie ein Gruppenbild anschauen, auf dem Sie mit abgebildet sind, wen suchen Sie dann zuerst?

Wenn wir immer nur versuchen, den anderen Eindruck zu machen und ihr Interesse für uns zu beanspruchen, dann werden wir nie viele gute, aufrichtige Freunde haben. Freunde, wirkliche Freunde schafft man sich nicht auf diese Weise.

Napoleon probierte es, doch bei seiner letzten Begegnung mit Josephine sagte er: »Josephine, ich hatte soviel Glück wie kaum ein Mann auf dieser Welt; dennoch bist du zu dieser Stunde der einzige Mensch, dem ich vertrauen kann.« Die Historiker bezweifeln allerdings, ob er ihr überhaupt je vertrauen konnte.

Der Psychologe Alfred Adler schrieb: »Der Mensch, der sich für seine Mitmenschen nicht interessiert, hat im Leben die meisten Schwierigkeiten und fügt andern am meisten Schaden zu. Solche Menschen sind die Ursache allen menschlichen Elends.«

Sie können haufenweise gelehrte Bücher über Psychologie studieren, ehe Sie auf einen Satz stoßen, der für uns alle von größerer Bedeutung wäre. Adlers Feststellung sagt so ungeheuer viel aus, daß ich sie unbedingt noch einmal wiederholen möchte:

Der Mensch, der sich für seine Mitmenschen nicht interessiert, hat im Leben die meisten Schwierigkeiten und fügt andern am meisten Schaden zu. Solche Menschen sind die Ursache allen menschlichen Elends.

Ich besuchte einmal an der Universität New York einen Kurs darüber, wie man Kurzgeschichten schreibt, und im Verlauf dieses Kurses sprach auch der Redakteur einer Zeitschrift zu unserer Klasse. Er erklärte uns, daß er irgendeine der Geschichten, die täglich zu Dutzenden auf seinem Schreibtisch landen, herauspicken könne und nach den ersten Sätzen schon spüre, ob ihr Verfasser die Menschen liebt oder nicht. »Wenn ein Autor die Menschen nicht mag«, sagte er, »dann mögen die Leute auch seine oder ihre Geschichten nicht.«

Dieser erfahrene Redakteur unterbrach sich zweimal während seines Vortrags und entschuldigte sich, daß er uns eine Predigt halte. »Ich sage Ihnen hier die gleichen Dinge, die der Pfarrer von der Kanzel predigt. Aber wer sich für seine Mitmenschen nicht interessiert, der wird mit seinen Kurzgeschichten nie im Leben Erfolg haben.«

Wenn das auf das Schreiben von erfundenen Geschichten zutrifft, dann können Sie sicher sein, daß es auch für den persönlichen Kontakt von Mensch zu Mensch gilt.

Das letzte Mal, als Howard Thurston am Broadway auftrat, habe ich ihn eines Abends in seiner Garderobe besucht. Thurston war der anerkannte Meister aller Zauberkünstler. Seit vierzig Jahren reiste er immer wieder durch die ganze Welt und führte seine Zuschauer hinters Licht, daß ihnen vor Staunen der Atem wegblieb. Mehr als sechzig Millionen Menschen haben Karten gekauft, um seine Vorstellungen zu besuchen, und er hat dabei ein Vermögen verdient.

Ich fragte Thurston nach dem Geheimnis seines Erfolges. Seine Schulbildung hatte sicher nichts damit zu tun, denn er brannte als Junge von Zuhause durch, wurde Landstreicher und Wanderarbeiter, fuhr in Güterwagen, schlief in Heustöcken, erbettelte sich sein Essen von Haus zu Haus und lernte lesen, indem er vom Güterzug aus die Anschriften längs der Eisenbahnlinie entzifferte.

Verstand er mehr von Zauberkunst als seine Kollegen? Nein, denn er sagte mir, es seien Hunderte von Büchern über Taschenspielerei geschrieben worden, und eine Menge Leute wüßten soviel darüber wie er. Zwei Dinge aber hatte er den anderen voraus: Zuerst einmal brachte er es fertig, die Zuschauer in den Bann seiner Persönlichkeit zu ziehen. Er war ein fabelhafter Schauspieler. Er kannte die menschliche Natur. Alles, was er machte, jede Bewegung, jede Betonung, jedes Augenzwinkern hatte er im voraus sorgfältig einstudiert und auf die Sekunde genau berechnet. Hinzu kam aber noch, daß Thurston sich für sein Publikum aufrichtig interessierte. Er erzählte mir, daß viele Zauberkünstler nach einem Blick in den Saal heimlich denken: ›Ist das wieder eine Bande von Dummköpfen und Tölpeln! Die werd' ich mal ganz schön auf den Arm nehmen.‹ Thurston jedoch ging anders vor. Jedesmal, wenn er auf die Bühne trat, sagte er sich: »Ich bin dankbar, daß diese Leute gekommen sind, um mich zu sehen. Sie ermöglichen mir ein sehr angenehmes Leben. Ich will mir Mühe geben, ihnen für ihr Geld das Beste zu bieten.«

Er erklärte mir, daß er nie ins Rampenlicht trete, ohne sich vorher immer und immer wieder zu sagen: »Ich liebe mein Publikum. Ich liebe mein Publikum.« Lächerlich? Albern? Halten Sie davon, was Sie wollen. Ich habe Ihnen nur kommentarlos das Rezept des berühmtesten Zauberkünstlers aller Zeiten verraten.

George Dyke war nach dreißigjähriger Tätigkeit gezwungen, seine Werkstatt in Pennsylvania zu schließen, weil dort, wo sie stand, eine neue Überlandstraße durchführen sollte. Schon bald begann ihm jedoch das müßige Rentnerdasein langweilig zu werden, und er holte seine alte Geige hervor, um sich die Zeit mit Musik zu vertreiben. Später fing er an, in der Gegend herumzureisen, um Musik zu hören und mit namhaften Fiedlern in Kontakt zu kommen. Auf seine bescheidene, freundliche Art ließ er sie von ihrer Herkunft und ihren Interessen erzählen, und obschon er selbst kein großer Musiker war, gewann er auf diese Weise doch recht viele Freunde. Schließlich nahm er sogar an Wettbewerben teil, und bald war er unter den Volksmusikliebhabern im Osten der Vereinigten Staaten als ›Onkel George, der Fiedelkratzer‹ bekannt. Als wir ihn spielen hörten, war Onkel George zweiundsiebzig und freute sich jede Minute seines Lebens. Sein unablässiges Interesse an den anderen Menschen hatte ihm selbst in einem Alter, da andere ihre produktive Zeit für abgeschlossen halten, zu einem neuen Leben verholfen.

Dieses Interesse am andern verhalf auch Theodore Roosevelt zu seiner ungeheuren Popularität. Sogar seine Dienstboten liebten ihn. Sein farbiger Diener, James E. Amos, schrieb ein Buch über ihn mit dem Titel: *Theodore*

Roosevelt, der Held seines Dieners. Darin beschreibt er die folgende aufschlußreiche Begebenheit:

»Meine Frau erkundigte sich einmal beim Präsidenten nach Wachteln. Sie hatte noch nie welche gesehen, und er beschrieb sie ihr ausführlich. Einige Zeit später klingelte das Telefon in unserem Häuschen. (Amos und seine Frau bewohnten ein kleines Cottage auf Roosevelts Besitz in Oyster Bay.) Meine Frau nahm den Hörer ab, und Mr. Roosevelt war persönlich am Apparat. Er hatte sie angerufen, um zu sagen, daß vor ihrem Fenster eine Wachtel säße, und wenn sie hinausschaue, könne sie sie vielleicht sehen. Solche Kleinigkeiten waren typisch für ihn. Jedesmal, wenn er an unserem Häuschen vorbeiging, hörten wir ihn rufen: ›Huhu, Annie!‹ oder ›Huhu, James!‹, selbst wenn er uns gar nicht sehen konnte. Er schickte uns einfach einen freundlichen Gruß.«

Wie sollten die Angestellten einen solchen Mann nicht gern haben? Wie sollte es überhaupt jemand fertigbringen, ihn nicht zu mögen?

Als Roosevelt einmal im Weißen Haus vorsprach und sein Nachfolger, Präsident Taft, und dessen Gattin gerade abwesend waren, begrüßte er alle »alten« Dienstboten mit Namen, sogar die Küchenmädchen, denn er war den einfachen Leuten stets aufrichtig zugetan.

»Als er Alice, das Küchenmädchen, sah«, schreibt ein Biograph, »erkundigte er sich, ob sie immer noch Maisbrot backe. Alice antwortete ihm, daß sie es manchmal für die Dienstboten mache, aber von der Herrschaft äße es niemand.

›Die wissen eben nicht, was gut ist‹, brummte Roosevelt. ›Ich werde es dem Präsidenten sagen, wenn ich ihn das nächste Mal sehe.‹

Alice brachte ihm ein Stück Maisbrot auf einem Teller, und er aß es auf dem Weg in sein Büro, während er die Gärtner und Arbeiter grüßte, denen er unterwegs begegnete . . .

Er sprach mit jedem genauso, wie er es früher zu tun pflegte, als er selber hier wohnte. Die Leute erinnern sich heute noch daran, und Ike Hoover, der vierzig Jahre lang im Weißen Haus Pförtner gewesen war, erklärte mit Tränen in den Augen: ›Das war der schönste Tag seit zwei Jahren, und nicht um hundert Dollar möchten wir ihn missen.‹«

Die gleiche Aufmerksamkeit gegenüber scheinbar unbedeutenden Angestellten trug dazu bei, daß der Vertreter Edward M. Sykes einen bedeutenden Kunden behielt. »Während Jahren«, erzählte er, »besuchte ich im Auftrag der Firma Johnson und Johnson die Kunden in der Gegend von Massachusetts. Zu ihnen gehörte auch der Besitzer eines Drugstores. Wann immer ich in seinen Laden kam, wechselte ich mit dem Mann an der Eisbar und auch mit dem Verkäufer ein paar Worte, bevor ich den Besitzer sprach, um seine Aufträge für Hygieneartikel zu notieren. Eines Tages jedoch ging ich zufällig direkt zum Besitzer, der mir rundheraus erklärte, ich könne zusammenpacken, denn er sei nicht länger daran interessiert, die Produkte unserer Firma zu kaufen, die sich seines Erachtens zum Nachteil der kleinen Geschäfte zu stark auf Selbstbedienungsläden und Warenhäuser konzentriere. Ich zog ab wie ein begossener Pudel und fuhr mehrere Stunden ziellos um die Stadt herum. Zuletzt entschloß ich mich, noch einmal zurückzugehen und dem Ladenbesitzer unsere Einstellung zum mindesten zu erklären.

Als ich hinkam und den Laden betrat, wechselte ich wie gewohnt einen Gruß mit dem Mann an der Eisbar und auch mit dem Verkäufer. Dann ging ich zum Besitzer. Dieser lächelte mir freundlich zu und hieß mich willkommen. Hierauf erteilte er mir einen doppelt so großen Auftrag wie sonst. Verwundert sah ich ihn an und fragte, was denn seit meinem Besuch vor wenigen Stunden passiert sei. Er zeigte auf den jungen Mann an der Eisbar und erklärte, dieser sei nach meinem Weggang zu ihm gekommen und hätte ihm erzählt, ich sei einer der wenigen Vertreter, die sich die Mühe nähmen, ihm und den anderen Angestellten im Laden einen guten Tag zu wünschen, und wenn einer von allen seinen Auftrag verdiene, dann sei ich es. Der Besitzer war damit einverstanden und blieb fortan ein treuer Kunde. Und ich habe seither nie mehr vergessen, daß es zu den wichtigsten Eigenschaften eines Vertreters – und überhaupt jedes Menschen – gehört, sich aufrichtig für die anderen zu interessieren.«

Ich weiß aus eigener Erfahrung, daß einem sogar die begehrtesten und meistbeschäftigten Leute ihre Aufmerksamkeit und ihre Zeit schenken, wenn man sich ehrlich für sie interessiert.

Vor Jahren leitete ich am Institut für Kunst und Wissenschaften in Brooklyn einen Kurs für junge Schriftsteller, und wir hätten gerne einige der bekanntesten Autoren gebeten, uns von ihren Erfahrungen zu erzählen. Also schrieben wir ihnen, wie sehr wir ihre Werke bewunderten und wie viel uns daran gelegen wäre, ihre Ratschläge zu hören, um hinter das Geheimnis ihres Erfolges zu kommen.

Jeder Brief wurde von ungefähr hundertfünfzig Studenten unterzeichnet. Wir schrieben ihnen auch, wir wären uns absolut bewußt, wieviel sie zu tun hätten, und wir hätten volles Verständnis dafür, daß es ihnen vielleicht nicht möglich sei, noch zusätzlich einen Vortrag zu halten. Dann legten wir unserem Brief eine Liste mit Fragen über sie selbst und ihre Arbeitsweise bei, die sie auch schriftlich beantworten konnten. Das gefiel ihnen. Wem würde es nicht gefallen? Und sie kamen einer nach dem andern nach Brooklyn gereist, um uns behilflich zu sein.

Mit genau der gleichen Methode brachte ich eine Reihe höherer Regierungsbeamter und andere prominente Persönlichkeiten dazu, vor den Schülern meiner Rednerkurse zu sprechen.

Wir alle, seien wir nun Fabrikarbeiter oder Büroangestellte oder Menschen von königlichem Geblüt, haben es gern, wenn man uns bewundert. Nehmen wir als Beispiel den deutschen Kaiser. Nach dem Ende des Ersten Weltkriegs war er wahrscheinlich der meistgehaßte Mann der Welt. Selbst sein eigenes Volk kehrte sich gegen ihn, als er nach Holland floh, um seine Haut zu retten. Der Haß war so groß, daß Millionen von Leuten ihn am liebsten gevierteilt oder auf dem Scheiterhaufen verbrannt hätten. Mitten in dieser Woge des Zorns und des Hasses schrieb ein kleiner Junge dem Kaiser einen einfachen, aufrichtigen Brief. Aus jedem Wort sprach ehrliche Bewunderung. Er werde seinen Kaiser immer lieben, was auch die Leute sagen mochten, beteuerte der kleine Briefschreiber. Der Kaiser war von diesen Worten zutiefst gerührt und lud den Knaben ein, ihn zu besuchen. Dieser kam in Begleitung seiner Mutter, die der Kaiser dann später heiratete. Der Junge brauchte nicht erst aus einem Buch zu lernen, wie man Freunde gewinnt, er wußte es instinktiv.

Wenn wir Freunde gewinnen wollen, dann müssen wir für die anderen etwas tun – etwas, das von uns Zeit, Mühe, Selbstlosigkeit und Aufmerksamkeit fordert. Als der Herzog von Windsor noch Prinz von Wales und britischer Thronanwärter war, wurde er auf eine Reise nach Südamerika geschickt. Ehe er abfuhr, lernte er monatelang Spanisch, um seine öffentlichen Ansprachen in der Sprache des Gastlands zu halten. Das trug ihm bei den Südamerikanern außerordentliche Beliebtheit ein.

Während Jahren gab ich mir Mühe, die Geburtstage meiner Freunde herauszubekommen. Wie man das fertigbringt? Obschon ich nicht das geringste von Astrologie halte, fragte ich den andern zunächst einmal, ob er daran glaube, daß der Geburtstag eines Menschen einen Einfluß auf seinen Charakter und seine Veranlagung habe. Im Verlauf des Gesprächs erkundigte ich mich dann, in welchem Monat und an welchem Tag er selber geboren wurde. Nannte er vielleicht den 24. November, dann wiederholte ich in Gedanken: »24. November, 24. November . . .«, und kaum drehte er mir den Rücken zu, schrieb ich mir das Datum auf, um es später in meinem Kalender zu notieren. Am Anfang jedes Jahres übertrug ich alle Geburtstage jeweils in den neuen Kalender, so daß ich im Laufe der Monate automatisch darauf stieß. Sobald der betreffende Tag heranrückte, schickte ich einen Brief oder ein Telegramm mit meinem Glückwunsch. Das haute hin!

Oft war ich der einzige Mensch auf der Welt, der überhaupt daran gedacht hatte.

Wenn wir Freunde gewinnen wollen, dann müssen wir die Menschen mit Freude und Begeisterung begrüßen. Das gilt auch am Telefon. Legen Sie in Ihren Gruß einen Ton, der erkennen läßt, wie erfreut Sie über diesen Anruf sind. Manche Firmen schulen ihre Telefonistinnen darin, auf jeden Anruf mit einer Stimme zu antworten, aus der Aufmerksamkeit und Begeisterung klingen. Das gibt dem Anrufenden das Gefühl, daß sich die Firma für ihn interessiert. Denken Sie daran, wenn Sie das nächste Mal den Hörer abheben.

Dem andern Menschen mit aufrichtigem Interesse zu begegnen, schafft Ihnen nicht nur Freunde, sondern Ihrer Firma auch treue Kunden. In einer Nummer ihrer Hauszeitung veröffentlichte die National Bank of North America in New York den folgenden Brief einer Kontoinhaberin:

»Ich möchte Ihnen gerne einmal sagen, wie sehr ich

Ihre Angestellten schätze. Sie sind ausnahmslos höflich, zuvorkommend und hilfsbereit, und es macht einem Freude, nach längerem Anstehen vor dem Schalter vom Beamten freundlich begrüßt zu werden.

Meine Mutter lag letztes Jahr fünf Monate lang im Krankenhaus. Während dieser Zeit wurde ich häufig von Ihrer Kassiererin Marie Petrucello bedient, die sich jedesmal nach ihrem Befinden erkundigt und ihr baldige Genesung gewünscht hat.«

Gibt es noch irgendwelche Zweifel daran, daß die Briefschreiberin weiterhin Kundin dieser Bank bleiben wird?

Charles Walters, der in einer der größten Banken von New York City arbeitete, erhielt den Auftrag, einen vertraulichen Bericht über eine bestimmte Gesellschaft auszuarbeiten. Seines Wissens gab es nur einen einzigen Mann, der über die Unterlagen verfügte, die er zu diesem Bericht unbedingt benötigte: den Direktor eines großen Industriekonzerns. Im gleichen Augenblick, als er das Büro des Mannes betrat, streckte eine Sekretärin den Kopf herein und teilte ihrem Chef mit, daß sie heute leider keine Marken für ihn habe.

»Ich sammle nämlich Briefmarken für meinen zwölfjährigen Sohn«, erklärte der Direktor seinem Besucher.

Walters erklärte den Grund seines Kommens und stellte dem Direktor einige Fragen. Seine Antworten waren ziemlich unverbindlich, allgemein und unklar. Er wollte nicht auspacken, und es schien, als könne ihn nichts zum Sprechen bewegen. Die Unterredung war kurz und dürftig.

»Ich hatte, offen gestanden, keine Ahnung, was ich nun tun sollte«, sagte Walters, als er seine Geschichte vor der Klasse erzählte. »Dann kam mir in den Sinn, daß die Auslandsabteilung unserer Bank Marken sammelt, mit denen die Briefe frankiert sind, die aus aller Welt bei uns eingehen.

Am nächsten Nachmittag ging ich abermals beim Büro des besagten Direktors vorbei und meldete, ich hätte einige Briefmarken für seinen Sohn. Die Begeisterung hätten Sie sehen sollen, mit der ich empfangen wurde. Er hätte mir die Hand nicht herzlicher schütteln können, wenn er für den Kongreß kandidiert hätte. Lächeln und Strahlen übers ganze Gesicht. ›Da wird sich mein Junge aber freuen‹, wiederholte er ein ums andere Mal. ›Haben Sie die hier schon gesehen? Einzigartig!‹

Wir brachten eine halbe Stunde damit zu, Briefmarken anzuschauen und das Bild seines Sohnes zu betrachten, und dann widmete er mir über eine Stunde und gab mir sämtliche Auskünfte, die ich brauchte – ohne daß ich ihn überhaupt darum gebeten hatte. Er sagte mir alles, was er wußte, ließ seine Mitarbeiter kommen und fragte sie noch nach weiteren Einzelheiten und telefonierte sogar mit einem Geschäftsfreund. Schwer mit Tatsachen, Zahlen, Rapporten und Korrespondenz beladen, verließ ich sein Büro. In der Sprache der Journalisten ausgedrückt, hatte ich meinen Knüller beisammen.«

Wählen wir als zweites Beispiel den Brennstoffhändler Charles Knappe. Seit Jahren hatte er sich bemüht, der zentralen Einkaufsleitung einer Kette von Ladengeschäften Heizöl zu verkaufen. Aber die Firma bezog das Heizöl für ihre Filialen weiterhin bei einem auswärtigen Großhändler und verkaufte es dann praktisch unter Mr. Knappes Nase weiter. Mr. Knappe hielt darüber eines Abends vor der Klasse eine kleine Rede und brachte seinen wilden Zorn über diese Ladenketten zum Ausdruck, die eine Schande wären für die ganze Nation.

Trotzdem wunderte er sich weiterhin, warum sie ihr Heizöl nicht bei ihm kauften.

Ich machte die Anregung, eine andere Taktik einzuschlagen, und wir einigten uns darauf, in der Klasse eine Debatte zu veranstalten über die Frage, ob Ladenketten unserem Lande mehr schadeten als nützten.

Auf meinen Vorschlag hin übernahm Knappe die Verteidigung der Ladenketten. Um sich mit Argumenten zu wappnen, suchte er unverzüglich den Direktor der betreffenden Ladenkette auf, die ihm so verhaßt war, und sagte: »Ich bin nicht hergekommen, um Ihnen mein Heizöl anzubieten, sondern ich möchte Sie um einen Gefallen ersuchen.«

Er erzählte ihm von unserer Debatte und schloß: »Ich möchte um Ihre Hilfe bitten, denn ich wüßte niemanden, der kompetenter wäre, mir die nötigen Unterlagen zur Verfügung zu stellen, damit ich meine Argumente zur Verteidigung der Ladenketten ausarbeiten kann. Ich möchte die Debatte unbedingt gewinnen und wäre Ihnen für jede Unterstützung sehr dankbar.«

Der Rest der Geschichte sei in Mr. Knappes eigenen Worten erzählt.

»Ich hatte diesen Mann gefragt, ob ich ihn genau eine Minute lang sprechen dürfe. Nur unter dieser Bedingung hatte er eingewilligt, mich überhaupt zu empfangen. Nachdem ich mein Anliegen vorgetragen hatte, bot er mir einen Stuhl an und unterhielt sich genau eine Stunde und siebenundvierzig Minuten mit mir über seine Ladenkette.

Er ließ einen leitenden Angestellten kommen, der ein Buch über Ladenketten geschrieben hatte. Er schrieb an den Verband der amerikanischen Ladenketten und veranlaßte, daß man mir den Rapport einer Diskussion zuschickte, die kürzlich über dieses Thema stattgefunden hatte. Er ist überzeugt, daß Ladenketten dem Konsumenten wirklich dienen. Er ist stolz auf das, was seine Filialen in Hunderten von Gemeinden leisten. Sein Gesicht strahlte richtig, während er sprach; und ich muß gestehen, daß er mir die Augen öffnete für Dinge, an die ich nicht im Traum gedacht hatte. Er änderte meine ganze Einstellung zu seinem Unternehmen.

Als ich mich verabschiedete, begleitete er mich zur Tür, legte mir den Arm um die Schultern, wünschte mir Erfolg bei meiner Debatte und bat mich, ihm nachher zu berichten, wie die Sache verlaufen sei. Die letzten Worte, die er zu mir sprach, lauteten: ›Bitte, kommen Sie später im Frühjahr einmal vorbei, ich möchte Ihnen einen Auftrag geben für Heizöl.‹

Mir kam das Ganze wie ein Wunder vor. Da wollte mir dieser Mann urplötzlich Heizöl abkaufen, obwohl ich ihn mit keinem Wort darum gebeten hatte. In den zwei Stunden, in denen ich mich wirklich lebhaft für ihn und seine Probleme interessierte, hatte ich mehr erreicht, als wenn ich noch zehn Jahre lang versucht hätte, ihn für mich und mein Heizöl zu interessieren.«

Sie haben durchaus nichts Neues entdeckt, Mr. Knappe. Schon vor langer Zeit, hundert Jahre vor Christi Geburt, hat ein berühmter, alter römischer Dichter, Publius Syrus, gesagt: »Wir interessieren uns für die andern, wenn sie sich für uns interessieren.«

Dieses Interesse muß aber, wie jede andere menschliche Beziehung, aufrichtig sein. Es muß sich nicht nur für denjenigen bezahlt machen, der Interesse bekundet, sondern auch für den andern, dem diese Aufmerksamkeit zugedacht ist. Es ist ein Geben und Nehmen, bei dem beide Seiten gewinnen.

Martin Ginsberg, der einen unserer Kurse in New York besuchte, berichtete, wie die spezielle Aufmerksamkeit einer Krankenschwester einen lebenslänglichen Eindruck auf ihn machte.

»Es war an Ostern, ich war damals zehn Jahre alt und lag in der Fürsorgeabteilung eines städtischen Krankenhauses, wo mir am andern Tag eine schwere orthopädische Operation bevorstand. Ich wußte, daß ich monatelangen Hausarrest und eine sehr schmerzhafte Genesung zu erwarten hatte. Mein Vater war gestorben; meine Mutter und ich lebten allein in einer kleinen Wohnung und waren auf Fürsorge angewiesen. Meine Mutter konnte mich an jenem Tag nicht besuchen.

Je weiter der Tag fortschritt, um so schlimmer packten mich Einsamkeit, Angst und Verzweiflung. Ich wußte, meine Mutter war allein zu Hause und machte sich meinetwegen Sorgen. Sie hatte niemanden, zu dem sie gehen, niemanden, mit dem sie essen konnte, und nicht einmal das Geld, um sich ein Festessen zu leisten.

Tränen stiegen in mir hoch, und ich steckte den Kopf unter das Kissen und zog die Decke darüber. Ich weinte ohne einen Laut. Aber so bitterlich und haltlos, daß mein ganzer Körper zuckte.

Eine junge Lehrschwester bemerkte mein Schluchzen und trat an mein Bett. Sie zog die Decke von meinem Gesicht und begann mir die Tränen abzuwischen. Dazu erzählte sie mir, wie sie Heimweh hätte, weil sie an diesem Tag arbeiten müsse und nicht bei ihrer Familie sein könne.

Sie fragte mich, ob ich nicht zusammen mit ihr essen würde. Dann brachte sie zwei Tabletts mit Truthahnschnitzeln, Kartoffelbrei, Preiselbeersauce und zum Nachtisch Eis. Sie sprach mit mir und versuchte meine Angst zu mildern. Obschon sie nur bis um vier Uhr nachmittags Dienst gehabt hätte, blieb sie bis fast um elf. Sie spielte mit mir und unterhielt sich mit mir, bis ich schließlich einschlief.

Viele Ostern sind vergangen, seit ich damals zehn Jahre alt war, aber jedesmal werde ich an jenen ganz besonderen Tag zurückdenken, an meine Angst und Verzweiflung und dann an jene Wärme und Herzlichkeit eines fremden Menschen, die auf einmal alles erträglicher machten.«

Wenn Sie beliebt sein wollen, wenn Sie echte Freundschaft suchen, wenn Sie anderen und sich gleichzeitig
helfen wollen, merken Sie sich:

☐ Interessieren Sie sich aufrichtig für die
andern.

5. Wie man sich im Handumdrehen beliebt macht

Ich wartete in einer Schlange vor dem Schalter eines Post-
amtes, um einen Einschreibbrief aufzugeben. Mir fiel auf,
daß der Angestellte von seiner Arbeit sichtlich gelangweilt war – Briefe wiegen, Marken abtrennen, Kleingeld
herausgeben, Empfangsscheine ausstellen – Jahr für Jahr
immer dieselbe monotone Tätigkeit. Während meiner
Wartezeit beschloß ich, mich bei diesem Mann beliebt zu
machen. Zu diesem Zweck mußte ich natürlich etwas
Nettes zu ihm sagen, nicht über mich, sondern über ihn.
Ich überlegte, ob ich irgend etwas an ihm aufrichtig bewundern könnte. Diese Frage ist manchmal gar nicht einfach zu beantworten, besonders wenn man die betreffende Person nicht kennt. In diesem Fall war das Problem
jedoch bald gelöst. Ich sah augenblicklich etwas, das ich
rückhaltlos bewunderte.

Während er meinen Brief wog, bemerkte ich deshalb
mit unverhohlener Bewunderung: »Ich wollte, ich hätte
Ihr Haar.«

Er blickte auf, leicht überrascht, aber mit einem strahlenden Lächeln, und meinte bescheiden: »Nun, es ist
auch nicht mehr, was es früher war.« Ich versicherte ihm,
daß es immer noch prächtig sei, auch wenn es vielleicht
etwas von seiner einstigen Schönheit eingebüßt habe. Er
fühlte sich ungeheuer geschmeichelt. Wir wechselten

noch ein paar freundliche Worte, und zum Schluß sagte er: »Viele Leute haben mich schon um mein Haar beneidet.«

Ich wette, der Mann ging an jenem Tag schwebenden Fußes zum Mittagessen. Ich wette, er hat am Abend zu Hause seiner Frau davon erzählt. Und ich wette, er hat in den Spiegel geblickt und sich gesagt: Es ist tatsächlich ein prächtiger Schopf.

Ich habe diese Geschichte einmal vor Zuhörern erzählt, und jemand fragte mich nachher: »Was wollten Sie eigentlich von diesem Mann?«

Was ich von ihm wollte? Du lieber Himmel! Wenn jemand so grenzenlos selbstsüchtig ist, daß er nicht einmal ein bißchen Glück verschenken, ein bißchen aufrichtige Anerkennung spenden kann, ohne vom andern gleich etwas dafür zu erwarten, dann geschieht ihm ganz recht, wenn er nicht weiterkommt.

Natürlich wollte ich etwas von diesem Mann, etwas Unbezahlbares – und ich bekam es auch. Er gab mir das Gefühl, daß ich etwas für ihn getan hatte, ohne daß es ihm möglich war, mir dafür in irgendeiner Art einen Gegendienst zu erweisen. Dieses Gefühl wärmt einem das Herz und lebt noch in der Erinnerung fort, wenn das Ereignis selber längst vorüber ist.

Es gibt ein äußerst wichtiges Gesetz im Umgang mit Menschen. Wenn wir diesem Gesetz gehorchen, geraten wir kaum je in Schwierigkeiten. Im Gegenteil: Wir verschaffen uns dadurch unzählige Freunde und ein immerwährendes Glücksgefühl. Im selben Augenblick jedoch, da wir dieses Gesetz verletzen, müssen wir mit fortwährendem Ärger rechnen. Dieses Gesetz lautet: *Bestärke den andern immer in seinem Selbstgefühl.* Ich habe John Dewey schon früher zitiert, der sagte, daß die menschliche Natur nichts so sehr verlangt wie das Gefühl, bedeutend zu sein, und William James bestätigte: »Das Verlangen nach Anerkennung ist zutiefst im menschlichen Wesen verwurzelt.« Ich habe auch bereits darauf hingewiesen, daß dieses Verlangen uns vom Tier unterscheidet und daß darauf überhaupt unsere ganze Zivilisation beruht.

Philosophen haben sich während Tausenden von Jahren die Köpfe darüber zerbrochen, nach welchen Prinzipien sich die Beziehungen von Mensch zu Mensch am glücklichsten gestalten lassen, und alle ihre Überlegungen gipfelten in einer einzigen, allgemeingültigen Lehre. Sie ist nicht neu. Sie ist sogar so alt wie die Menschheit selbst. Zarathustra brachte sie schon vor fast drei Jahrtausenden seinen persischen Feueranbetern bei. Konfuzius verkündete sie vor zweieinhalbtausend Jahren in China. Laotse, der Begründer des Taoismus, lehrte sie seine Schüler im Tal des Han. Buddha predigte sie fünfhundert Jahre vor Christi Geburt am Ufer des Ganges. Die heiligen Bücher der Hindus enthielten sie schon tausend Jahre früher. Jesus schließlich lehrte sie in den steinigen Hügeln von Judäa vor mehr als neunzehnhundert Jahren. Er war es, der sie in einem einzigen Satz zusammenfaßte – dem vielleicht wichtigsten Satz aller Zeiten: »Alles, was ihr wollt, daß euch die Leute tun sollen, das tut ihr ihnen.«

Sie möchten, daß Ihnen die Menschen, mit denen Sie zu tun haben, Anerkennung zollen. Sie möchten, daß man Ihrem Wort vertraut. Sie möchten das Gefühl haben, in Ihrer kleinen Welt eine bedeutende Rolle zu spielen. Sie begehren keine billige und falsche Schmeichelei, sondern Sie sehnen sich nach aufrichtigem Lob. Sie möchten, daß Ihre Freunde und Mitarbeiter tun, was Charles Schwab uns gelehrt hat: »Aufrichtig anerkennen und großzügig loben.« Das gleiche möchten wir alle auch.

Befolgen wir also die goldene Regel und handeln wir so an den andern, wie wir möchten, daß sie an uns handeln.

Wann? Wo? Die Antwort lautet: jederzeit und überall.

David Smith aus Wisconsin erzählte vor einer Klasse, was für eine heikle Situation er zu meistern hatte, als er einmal gebeten wurde, an einem Wohltätigkeitskonzert den Ausschank von Erfrischungen zu beaufsichtigen:

»Als ich am Abend des Konzerts in den Park kam, standen bereits zwei ältere Damen in sichtlich schlechter Laune neben dem Erfrischungsstand. Anscheinend war jede davon überzeugt, daß sie dafür verantwortlich sei. Während ich überlegte, was ich nun tun sollte, erschien ein Mitglied der Organisation, drückte mir eine Kassette mit Geld in die Hand und dankte mir, daß ich bereit war, mich um den Verkauf der Erfrischungen zu kümmern. Dann stellte sie mir die beiden Damen als meine Helferinnen vor und rannte davon.

Es folgte eine große Stille. Da ich spürte, daß die Geldkassette ein (gewisses) Symbol von Autorität bedeutete, überreichte ich sie der einen Helferin mit der Erklärung, ich sei nicht so sicher, ob ich mich im Gedränge nicht vielleicht verrechnen würde, und es wäre mir lieber, wenn sie sich darum kümmerte. Anschließend bat ich die andere, den beiden jungen Leuten, die ebenfalls zur Mitarbeit aufgeboten waren, die Getränkemaschine zu erklären und dafür zu sorgen, daß dort nichts verkehrt lief.

Es wurde ein glanzvoller Abend. Die eine Helferin zählte glücklich ihr Geld, die andere überwachte die beiden Jungen, und ich genoß das Konzert.«

Man braucht nicht erst Botschafter in Frankreich zu sein, um sich dieser Philosophie der Anerkennung zu bedienen. Man kann damit beinahe jeden Tag Wunder vollbringen.

Wenn uns beispielsweise der Kellner Kartoffelbrei statt der bestellten Pommes frites serviert, sagen wir: »Es tut mir leid, Sie zu bemühen, aber ich ziehe Pommes frites vor.« Er wird sich entschuldigen und uns unverzüglich das Gewünschte bringen, denn wir haben ihn mit Respekt behandelt.

Kleine Sätze wie »Es tut mir leid, Sie zu bemühen«, »Würden Sie so freundlich sein«, »Darf ich Sie bitten«, »Hätten Sie etwas dagegen«, »Vielen Dank« – solche kleine Höflichkeiten sind Öl im Getriebe der täglichen Arbeitsmühle – und außerdem das Zeichen einer guten Kinderstube.

Ein anderes Beispiel. Haben Sie je einen von Hall Caines Romanen gelesen? Unzählige Millionen von Menschen lasen diese Bücher, die in der ersten Hälfte unseres Jahrhunderts Bestseller waren. Ihr Verfasser war der Sohn eines Hufschmieds. Er ist in seinem ganzen Leben nicht länger als acht Jahre zur Schule gegangen, doch als er starb, war er der reichste Schriftsteller seiner Zeit.

Das kam so: Hall Caine liebte Sonette und Balladen und verschlang daher sämtliche Gedichte von Dante Gabriel Rossetti. Er schrieb sogar eine Abhandlung, worin er dem künstlerischen Werk Rossettis höchste Anerkennung zollte. Davon schickte er Rossetti eine Kopie. Rossetti war entzückt und sagte sich wahrscheinlich: »Ein Mann, der eine so hohe Meinung von meinen Fähigkeiten hat, muß ein kluger Kopf sein.« Jedenfalls lud er den Sohn des Hufschmieds zu sich nach London ein und engagierte ihn als Privatsekretär. Das war der Wendepunkt in Hall Caines Leben. Seine neue Stellung brachte ihn mit den literarischen Berühmtheiten jener Tage zusammen. Unterstützt von ihren Ratschlägen und von ihren Ermunterungen angefeuert, begann er eine Karriere, die seinen Namen in alle Welt trug.

Sein Heim *Greeba Castle* auf der Insel Man wurde zu einem Mekka für Touristen aus allen Ecken der Welt; und als Hall Caine starb, hinterließ er das Vermögen eines Multimillionärs. Aber wer weiß, ob er nicht arm und unbekannt gestorben wäre, hätte er nicht in einer Abhandlung seine Bewunderung für einen berühmten Mann zum Ausdruck gebracht.

So groß und gewaltig ist die Macht aufrichtiger, von Herzen kommender Anerkennung.

Rossetti hielt sich selber für bedeutend. Das ist weiter nicht verwunderlich. Fast jedermann hält sich selber für bedeutend, sehr bedeutend sogar.

Das Leben zahlreicher Menschen könnte geändert werden, wenn ihnen nur jemand das Gefühl von Bedeutung gäbe. Ronald Rowland, einer unserer Kursleiter in Kalifornien, ist gleichzeitig Lehrer an einer Schule für Kunstgewerbe. In einer Klasse von Anfängern hatte er einen Schüler namens Chris. Von ihm schreibt Mr. Rowland:

»Chris war ein sehr stiller und schüchterner Junge, einer jener Schüler, die so oft nicht die Aufmerksamkeit erhalten, die sie verdienen. Ich unterrichte außer Anfängern auch eine Klasse von Fortgeschrittenen, und es gilt als eine Art Privileg und besondere Auszeichnung, wenn ein Schüler in diese Klasse aufgenommen wird.

Als ich Chris eines Mittwochs wieder so fleißig und hingebungsvoll an der Arbeit sah, hatte ich das bestimmte Gefühl, daß tief in seinem Innern verborgene Kräfte schlummerten. Ich fragte ihn, ob er nicht in die Klasse der Fortgeschrittenen überwechseln möchte. Ich wünschte, ich könnte den Ausdruck auf seinem Gesicht beschreiben, die Gefühle dieses vierzehnjährigen Knaben wiedergeben, der versuchte, die Tränen zurückzuhalten.

›Ich, Mr. Rowland? Bin ich denn gut genug?‹

›Ja, Chris, du bist gut genug.‹

Mehr vermochte ich nicht zu sagen. Mir standen die Tränen zuvorderst. Als Chris an jenem Tag die Klasse verließ, sichtlich zehn Zentimeter größer geworden, blickte er mich aus strahlenden Augen an und sagte mit fester Stimme: ›Danke, Mr. Rowland.‹

Chris hat mich etwas gelehrt, was ich nie mehr vergesse

– unser tiefes Verlangen, bedeutend zu sein. Und damit ich es nie mehr vergesse, habe ich es aufgeschrieben. *Jeder ist bedeutend* hängt in großen Buchstaben vorne im Klassenzimmer, wo alle es lesen und mich daran erinnern können, daß jeder Schüler, dem ich gegenüberstehe, gleichermaßen bedeutend ist.

In Tat und Wahrheit fühlen sich fast alle Menschen, mit denen wir zu tun haben, uns in irgendeiner Weise überlegen, und wenn wir den direktesten Weg zu ihrem Herzen einschlagen wollen, dann geben wir ihnen diskret zu verstehen, daß wir ihre Bedeutung anerkennen – aufrichtig anerkennen.«

Und vergessen Sie nicht, was Emerson gesagt hat: daß jeder Mensch uns auf irgendeinem Gebiet überlegen ist und wir von ihm lernen können.

Betrüblich ist nur, daß oft gerade diejenigen, die am wenigsten Grund haben, sich überlegen zu fühlen, ihr Ego aufplustern und ein Gehabe und Getue an den Tag legen, die geradezu abstoßend sind.

Shakespeare schrieb in *Maß für Maß*: »Der Mensch, der stolze Mensch, in kleine kurze Majestät gekleidet, vergessend, was am mind'sten zu bezweifeln, sein gläsern Element, wie zorn'ge Affen, spielt solchen Wahnsinn gaukelnd vor dem Himmel, daß Engel weinen.«

Einige Beispiele mögen Ihnen zeigen, wie Geschäftsleute, die meine Kurse besuchten, dieses Prinzip mit beachtlichem Erfolg angewendet haben. Zuerst der Fall eines Anwalts aus Connecticut, der aus Rücksicht auf seine Verwandtschaft anonym bleiben möchte.

Kurze Zeit nach seinem Eintritt in meinen Kurs begleitete Mr. R. seine Frau im Wagen nach Long Island, wo sie einige Verwandte besuchen wollte. Sie ließ ihn zu einem kleinen Schwatz bei einer alten Tante zurück und machte sich selber auf den Weg zu ein paar jüngeren Angehörigen. Da er am nächsten Kurstag darüber referieren mußte, wie, wann und mit welchem Erfolg er das Prinzip der Anerkennung angewendet hatte, nahm er sich vor, am besten gleich in einem Gespräch mit der alten Dame ein paar nützliche Erfahrungen zu sammeln, und sah sich nach etwas um, das er aufrichtig bewundern konnte.

»Dieses Haus wurde so um 1890 gebaut, oder irre ich mich?« erkundigte er sich.

»Ja«, antwortete die Tante, »ganz genau in jenem Jahr.«

»Es erinnert mich an das Haus, in dem ich geboren wurde«, sagte er. »Es ist ein sehr schönes Haus, solide gebaut und geräumig. Solche Häuser baut man heute nicht mehr.«

Die alte Dame gab ihm recht. »Den jungen Leuten liegt nichts an schönen Häusern. Sie wollen am liebsten eine kleine Wohnung und ein Auto.

Das hier ist ein Traumhaus«, fuhr sie fort, und in ihrer Stimme schwangen süße Erinnerungen mit. »Es wurde mit Liebe gebaut. Mein Mann und ich träumten jahrelang davon, ehe wir mit dem Bau begannen. Wir hatten keinen Architekten, sondern machten alle Pläne selber.«

Dann führte sie ihren Gast durch das ganze Haus, und er drückte ihr seine Bewunderung aus für die kostbaren Dinge, die sie von ihren Reisen zurückgebracht und ein Leben lang gehegt und gepflegt hatte: schottische Shawls, ein englisches Teeservice, chinesisches Porzellan, französische Betten und Stühle, italienische Gemälde und Seidendraperien, die einst in einem französischen Schloß gehangen hatten.

Nachdem sie Mr. R. das Haus gezeigt hatte, führte sie ihn hinaus zur Garage, wo ein aufgebockter Packard stand – er war funkelnagelneu.

»Mein Mann kaufte diesen Wagen kurz vor seinem Tod«, sagte sie leise. »Ich bin seither nie mehr darin gefahren. Ich habe gesehen, daß du Freude hast an hübschen Sachen, und deshalb möchte ich dir diesen Wagen schenken.«

»Aber Tantchen«, stotterte er, »ich bin vollkommen überwältigt. Ich schätze deine Großzügigkeit außerordentlich; aber das kann ich doch nicht annehmen. Ich bin ja nicht einmal mit dir verwandt. Zudem habe ich einen neuen Wagen, und du hast bestimmt viele Verwandte, die sich über diesen Packard furchtbar freuen würden.«

»Verwandte!« schnaubte sie. »Natürlich habe ich Verwandte. Die warten ja nur darauf, daß ich sterbe, damit sie diesen Wagen bekommen. Aber sie bekommen ihn nicht.«

»Wenn du ihn ihnen nicht geben willst, kannst du ihn doch ohne weiteres einem Gebrauchtwagenhändler verkaufen«, sagte Mr. R.

»Verkaufen!« rief sie aus. »Denkst du, ich würde diesen Wagen je verkaufen? Denkst du, ich könnte mit ansehen, wie fremde Menschen in diesem Wagen, den mein Mann für mich gekauft hat, die Straße hinauf- und hinunterfahren? Ich würde nicht im Traum daran denken, ihn zu verkaufen. Ich schenke ihn dir. Du weißt schöne Dinge zu schätzen!«

Mr. R. tat alles, um die Tante von ihrem Vorhaben abzubringen, aber es war unmöglich, den Wagen abzulehnen, ohne ihre Gefühle zu verletzen.

Diese Dame, die allein in ihrem großen Haus mit den schottischen Shawls, den französischen Antiquitäten und ihren Erinnerungen zurückgeblieben war, sehnte sich nach einem bißchen Verständnis. Sie war einmal jung und schön und begehrt gewesen. Sie hatte ein Haus gebaut, es mit Liebe eingerichtet und mit Gegenständen geschmückt, die sie überall in Europa gesammelt hatte. Doch jetzt, in der Einsamkeit ihrer alten Tage, sehnte sie sich nach ein wenig menschlicher Wärme und Teilnahme – und niemand gab sie ihr. Und als sie sie endlich fand, wie eine Quelle im Wüstensand, war ihre Dankbarkeit so groß, daß einzig ihr geliebter Packard gut genug war, um ihre Gefühle zum Ausdruck zu bringen.

Donald McMahon war Geschäftsführer in einer großen Firma für Gartengestaltung in New York. Von ihm stammt die folgende Geschichte.

»Kurz nachdem ich den Vortrag darüber, wie man Freunde gewinnt und Menschen beeinflußt, gehört hatte, mußte ich den Besitz eines bekannten Richters gestalten. Der Eigentümer erteilte mir ein paar Anweisungen, wo er gerne eine Menge Rhododendren und Azaleen gepflanzt hätte.

Da bemerkte ich: ›Herr Richter, ich muß schon sagen, Sie haben ein großartiges Hobby. Ich habe Ihre prächtigen Hunde bewundert. Soviel ich weiß, gewinnen Sie damit jedes Jahr eine Anzahl Auszeichnungen an der großen Hundeausstellung im Madison Square Garden.‹

Meine anerkennenden Worte hatten schlagenden Erfolg.

›Ja‹, antwortete der Richter, ›ich habe viel Spaß an den Tieren. Möchten Sie einmal meinen Zwinger sehen?‹

Ungefähr eine Stunde lang zeigte er mir seine Hunde und die Preise, die er mit ihnen gewonnen hatte. Er brachte sogar ihre Stammbäume und erklärte mir, welche Abstammungslinien für ihre Schönheit und Klugheit ganz speziell verantwortlich seien.

Schließlich fragte er mich: ›Haben Sie kleine Kinder?‹

›Ja, einen kleinen Jungen‹, gab ich zurück.

›Glauben Sie nicht, daß er Freude hätte an einem jungen Hündchen?‹

›Und ob. Er würde vor Wonne ganz aus dem Häuschen geraten.‹

›Gut, dann werde ich ihm eines schenken‹, verkündete der Richter.

Er erklärte mir des langen und breiten, wie das Hündchen gefüttert werden mußte. Zum Schluß meinte er:
›Damit Sie es nicht vergessen, schreibe ich es Ihnen auf.‹
Dann ging er ins Haus und schrieb den Stammbaum und
die verschiedenen Ernährungsvorschriften auf ein Blatt
Papier. Zum Dank dafür, daß ich ihm meine ehrliche Anerkennung für sein Hobby und seine Zuchterfolge ausgedrückt hatte, schenkte er mir fünf Viertelstunden seiner
kostbaren Zeit und außerdem einen kleinen Welpen, der
seine hundert Dollar wert war.«

George Eastman von den Kodakwerken hat den lichtemp-
findlichen Zelluloidstreifen erfunden, der seinerseits die
Kinematographie möglich machte, und hat sich damit ein
Vermögen erworben. Er wurde einer der berühmtesten
Geschäftsmänner der Welt. Doch trotz seiner enormen
Erfolge war er für kleine Anerkennungen ebenso dankbar
wie Sie und ich.
    Ein Beispiel: Als Eastman die Eastman-Musikschule in
Rochester und außerdem, zum Gedächtnis an seine Mutter, das Kilbourn-Hall-Theater baute, bemühte sich James
Adamson, Direktor einer großen Firma, die sich auf Sitz-
möbel spezialisiert hatte, um den Auftrag, die Stühle für
dieses Theater zu liefern. Er setzte sich telefonisch mit
dem Architekten in Verbindung und vereinbarte eine Zu-
sammenkunft mit Mr. Eastman in Rochester.
    Als Adamson eintraf, warnte ihn der Architekt: »Ich
weiß, daß Ihnen viel an diesem Auftrag liegt; aber ich will
Ihnen gleich sagen, daß Sie nicht die geringste Aussicht
haben, ihn zu bekommen, wenn Sie mehr als fünf Minuten von George Eastmans Zeit beanspruchen. Er ist ein
Leuteschinder und außerdem sehr beschäftigt. Fassen Sie
sich also kurz, und verschwinden Sie wieder.«
    Adamson beschloß, sich an diese Weisung zu halten.
    Als er ins Arbeitszimmer von Mr. Eastman geführt

wurde, sah er diesen an seinem Schreibtisch sitzen, über einen Stapel Papiere gebeugt. Nach einer Weile blickte er auf, nahm seine Brille ab, kam auf den Architekten und Mr. Adamson zu und sagte: »Guten Morgen, meine Herren. Was kann ich für Sie tun?«

Der Architekt stellte den Stuhlfabrikanten vor, und Adamson begann: »Ich bewundere gerade Ihr Büro, Mr. Eastman. In einem solchen Raum möchte ich auch arbeiten. Wissen Sie, ich bin selber im Innenausbau tätig, aber ich habe in meinem ganzen Leben noch nie ein so schönes Büro gesehen wie das hier.«

George Eastman erwiderte darauf: »Sie erinnern mich an etwas, das ich beinahe vergessen hatte. Es ist schön, nicht? Als es neu gebaut war, habe ich mich sehr darüber gefreut. Aber nun komme ich hierher und habe den Kopf mit anderen Dingen voll, und manchmal sehe ich das Büro während Wochen nicht ein einziges Mal.«

Adamson trat an eine der Wände heran und strich mit der Hand über die Täfelung. »Englische Eiche, wenn ich nicht irre, ein bißchen anders in der Maserung als italienische Eiche.«

»Stimmt«, sagte Eastman. »Das ist importierte englische Eiche. Ein Freund von mir, der auf Edelhölzer spezialisiert ist, hat sie für mich ausgewählt.«

Dann führte Eastman seinen Besucher im ganzen Raum herum und machte ihn auf die Proportionen, die Farbtöne, die Schnitzereien und andere effektvolle Einzelheiten aufmerksam, bei deren Planung und Ausführung er mitgewirkt hatte.

Schließlich blieben sie vor einem Fenster stehen, und George Eastman wies in seiner sanften, zurückhaltenden Art auf einige seiner Stiftungen hin, durch die er der Menschheit zu helfen versuchte: die Universität Rochester, das allgemeine Krankenhaus, das homöopathische Krankenhaus, das Kinderspital. Mr. Adamson drückte ihm seine aufrichtige Bewunderung dafür aus, daß er seinen Reichtum in selbstloser, idealistischer Art dazu verwendete, leidenden Menschen zu helfen. Plötzlich schloß George Eastman eine Glasvitrine auf und holte daraus die erste Kamera hervor, die er je besessen hatte – eine Erfindung, die er einem Engländer abgekauft hatte.

Adamson fragte ihn des längeren über seine anfänglichen Schwierigkeiten aus, im Geschäftsleben Fuß zu fassen, und Mr. Eastman erzählte ihm bereitwillig von seiner armen Kindheit und von seiner verwitweten Mutter, die eine Pension geführt hatte, während er bei einer Versicherungsgesellschaft angestellt war. Der Schrecken der Armut verfolgte ihn Tag und Nacht, und er hatte sich damals geschworen, so viel Geld zu verdienen, daß seine Mutter nicht mehr arbeiten mußte.

Mr. Adamson stellte ihm weitere Fragen und hörte gespannt zu, während George Eastman seine Experimente mit trockenen Fotoplatten schilderte und ihm erzählte, daß er tagsüber im Büro gearbeitet und oft die ganze Nacht experimentiert habe und sich nur so kurze Ruhepausen gönnte, wie die chemischen Prozesse dauerten. Oft kam er zweiundsiebzig Stunden lang nicht aus den Kleidern.

Um 10.15 Uhr war James Adamson in George Eastmans Büro geführt worden, und man hatte ihn gewarnt, nicht länger als fünf Minuten zu bleiben; aber eine Stunde, zwei Stunden gingen vorüber, und sie unterhielten sich immer noch miteinander.

Schließlich wandte sich George Eastman an Adamson und sagte: »Das letztemal, als ich in Japan war, kaufte ich einige Stühle, nahm sie mit und stellte sie bei mir zu Hause auf die Sonnenterrasse. Aber leider blätterte in der Sonne die Farbe ab. Nun bin ich vor wenigen Tagen in die Stadt gegangen, habe mir Farbe gekauft und die Stühle selber neu gestrichen. Falls Sie Lust haben, sich von meinem Malertalent zu überzeugen, dann fahren Sie zum Mittagessen mit mir nach Hause. Einverstanden?«

Nach dem Essen zeigte Mr. Eastman seinem Gast die Stühle, die er aus Japan mitgebracht hatte. Das Stück war nur ein paar Dollar wert, aber George Eastman, der mit seinem Geschäft Millionen verdient hatte, war stolz darauf, weil er sie selber angemalt hatte.

Der Auftrag über die Theaterbestuhlung belief sich auf neunzigtausend Dollar. Was glauben Sie, wer ihn bekam? James Adamson oder einer der anderen Bewerber?

Von jenem Tag an bis zu Mr. Eastmans Tod blieben er und James Adamson enge Freunde.

Claude Marais, Besitzer eines Restaurants in Rouen, Frankreich, bediente sich der gleichen Methode, um sein Lokal vor dem Verlust seiner führenden Angestellten zu bewahren. Diese Frau, die seit fünf Jahren in seinem Dienst stand, war die entscheidende Verbindung zwischen Monsieur Marais und seinem Personal. Es traf ihn wie ein Schlag, als er den eingeschriebenen Brief mit ihrer Kündigung erhielt.

»Ich war höchst überrascht«, berichtete Monsieur Marais, »und gleichzeitig auch enttäuscht, denn ich war der Überzeugung gewesen, daß ich sie korrekt behandelt hatte und es an nichts fehlen ließ. Da sie gleichzeitig Angestellte und eine Freundin unserer Familie war, hatte ich ihre Mitarbeit aber vielleicht als zu selbstverständlich betrachtet und mehr von ihr verlangt als von den übrigen Angestellten.

Ich konnte ihre Kündigung natürlich unmöglich ohne jegliche Erklärung akzeptieren, nahm sie daher beiseite und sagte: ›Paulette, Sie müssen verstehen, daß ich Ihre Kündigung nicht annehmen kann. Sie sind für mich und unser Haus sehr wichtig und für den Erfolg dieses Restaurants ebenso unentbehrlich wie ich.‹ Diese Worte wiederholte ich später vor dem ganzen Personal, und ferner lud ich sie zu mir nach Hause ein, um ihr mein Vertrauen auch in Gegenwart meiner Familie zu bestätigen.

Paulette zog ihre Kündigung zurück, und heute kann ich mich auf sie verlassen wie nie zuvor. Ich bestärke sie auch häufig darin, indem ich ihr meine Anerkennung für ihre Leistung ausdrücke und ihr sage, wie wichtig sie für mich und das Restaurant ist.«

»Sprechen Sie zu den Menschen über sie selbst, und sie werden Ihnen stundenlang zuhören«, sagte Disraeli, einer der scharfsinnigsten Politiker des britischen Weltreichs.

☐ Tragen Sie stets und ohne Vorbehalt
dem Selbstbewußtsein des andern
Rechnung.

»Den meisten Menschen«, sagt Dale Carnegie, »mangelt es an Einfühlungsvermögen, um eine fremde Glaubensfestung Arm in Arm mit dem Besitzer zu betreten.«

In der Entwicklung gerade dieses Einfühlungsvermögens liegt das Geheimnis, wenn Sie lernen wollen, andere von Ihrem Standpunkt zu überzeugen und ihre begeisterte Mitarbeit zu gewinnen.

6. Wie man sich Feinde schafft – und wie man es vermeidet

Als Theodore Roosevelt Präsident der Vereinigten Staaten war, gestand er einmal, wenn er nur in fünfundsiebzig von hundert Fällen recht behielte, dann wären seine höchsten Erwartungen erfüllt.

Wenn schon einer der bedeutendsten Männer des zwanzigsten Jahrhunderts nicht mehr erhoffte, wie steht es denn da mit uns? Mit Ihnen und mit mir?

Wenn Sie sicher sein könnten, auch nur in fünfundfünfzig Prozent aller Fälle recht zu haben, dann müßten Sie an der Börse jeden Tag ein Vermögen verdienen. Wenn Sie aber nicht sicher sind, daß Sie in fünfundfünfzig von hundert Fällen recht haben, wie können Sie dann behaupten, die andern seien im Unrecht?

Man kann einem Menschen durch einen Blick, durch die Betonung oder eine Bewegung ebenso unmißverständlich zu merken geben, daß er sich irrt, wie durch Worte – aber glauben Sie vielleicht, er gibt es zu? Niemals! Denn Sie stellen ja seine Intelligenz und seine Urteilsfähigkeit in Frage, greifen seinen Stolz und sein Selbstbewußtsein an. Das veranlaßt ihn, zurückzuschlagen. Es bringt ihn aber keinesfalls dazu, seine Meinung zu ändern. Sie können ihm die ganze Logik von Plato oder Kant an den Kopf schmeißen, aber Sie werden ihn nicht von seinem Standpunkt abbringen, denn Sie haben ihn gekränkt.

Erklären Sie nie: »Jetzt will ich Ihnen einmal dies und jenes beweisen.« Das ist ganz falsch. Das ist das gleiche, wie wenn Sie sagen würden: »Ich bin gescheiter als Sie. Ich werde Ihnen jetzt einmal etwas sagen, und dann werden wir ja sehen, wer recht hat.«

Das ist eine Herausforderung, die zu Widerspruch reizt. Ihr Zuhörer oder Ihre Zuhörerin möchte am liebsten schon zurückschlagen, ehe Sie noch angefangen haben.

Es ist selbst unter den allergünstigsten Umständen schwierig, die Menschen von einer einmal gefaßten Meinung abzubringen. Warum wollen Sie es sich noch schwerer machen und sich noch selber Steine in den Weg legen?

Wenn Sie etwas beweisen wollen, dann posaunen Sie das um Gottes willen nicht erst in die Welt hinaus, sondern tun Sie es so sanft und geschickt, daß gar niemand merkt, daß Sie es tun.

Alexander Pope schrieb einmal:

> »Den Mann darfst du ganz leis
> und heimlich nur belehren,
> und unbekannte Dinge –
> in nur vergeßne kehren!«

Vor über dreihundert Jahren sagte Galilei: »Man kann einen Menschen nichts lehren; man kann ihm nur helfen, es in sich selbst zu finden.«

Oder wie Chesterton zu seinem Sohn sagte: »Sei klüger als die andern, wenn du kannst, aber sag es ihnen nicht.«

Ich darf wohl kaum behaupten, daß ich klüger bin als Sokrates, und deshalb habe ich ein für allemal aufgehört, den Leuten zu sagen, daß sie sich irren. Ich finde sogar, daß sich das bezahlt macht.

Wenn jemand etwas behauptet, und Sie glauben, daß es nicht stimmt – oder Sie wissen sogar, daß es nicht stimmt –, ist es dann nicht viel besser zu sagen: »Sieh mal an! Ich bin zwar bis jetzt ganz anderer Meinung gewesen, aber ich kann mich irren, das kommt häufig vor. In solchen Fällen lasse ich mich aber gerne belehren. Gehen wir der Sache doch einmal nach.«

Solche Bemerkungen wirken Wunder. »Ich kann mich irren, das kommt häufig vor. Gehen wir der Sache doch einmal nach.«

Niemand im Himmel oder auf der Erde oder im Wasser oder unter der Erde wird Ihnen widersprechen, wenn Sie sagen. »Ich kann mich irren. Gehen wir der Sache doch einmal nach.«

Einer von unseren Schülern, der sich dieser Methode bediente, wenn er mit Kunden zu tun hatte, war der Autoverkäufer Harold Reinke. Er gestand, daß er unter dem Druck des Automobilhandels oft stur und unzugänglich war, wenn er Reklamationen zu erledigen hatte. Das hatte Verärgerungen, Umsatzverluste und andere Unannehmlichkeiten zur Folge.

»Als ich schließlich merkte, daß ich damit nicht weiterkam«, erzählte Mr. Reinke, »versuchte ich eine andere Taktik und gebrauchte Worte wie: ›Unsere Verkaufsabteilung macht so viele Fehler, daß ich mich manchmal richtig schäme. Vielleicht ist auch in Ihrem Fall etwas schiefgelaufen. Erzählen Sie.‹

Ein solches Verhalten wirkt ziemlich entwaffnend, und nachdem der Kunde seinen Gefühlen erst einmal Luft gemacht hat, ist er gewöhnlich viel vernünftiger, wenn es darum geht, die Angelegenheit zu regeln. Mehrere Kunden haben mir für mein Verständnis gedankt, und zwei davon haben sogar ihre Freunde bewogen, ihre neuen Wagen bei uns zu kaufen. Beim heutigen Konkurrenzkampf auf dem Automobilmarkt könnten wir mehr solche

Kunden gebrauchen, und ich bin überzeugt, daß wir wesentlich besser abschneiden, wenn wir für die Ansichten unserer Kunden offene Ohren haben und im Umgang mit ihnen höflich und diplomatisch sind.«

Sie werden niemals Schwierigkeiten bekommen, wenn Sie zugeben, daß Sie sich vielleicht irren. Das macht jeden Streit unmöglich und veranlaßt den anderen, ebenso korrekt und großzügig zu sein. Es drängt ihn, zuzugeben, daß er sich ebenfalls irren könnte.

Wenn Sie genau wissen, daß jemand unrecht hat, und sagen es ihm ins Gesicht, was passiert dann? Ich will es Ihnen an einem Beispiel zeigen. Mr. S., ein junger Rechtsanwalt, vertrat kürzlich einen ziemlich wichtigen Fall vor dem Obersten Gericht der Vereinigten Staaten. Es handelte sich dabei um eine erhebliche Summe Geld und eine prinzipielle Rechtsfrage.

Während der Verhandlung sagte einer der Richter des Obersten Gerichts zu Mr. S.: »Die Vorschriften des Seerechtes sehen eine Verjährungsfrist vor, nicht wahr?«

Mr. S. hielt inne, starrte den Richter einen Augenblick an und verkündete dann: »Hohes Gericht, es gibt im Seerecht keine Verjährungsfrist.«

»Tiefes Schweigen herrschte im Saal«, sagte Mr. S., als er vor der Klasse seine Geschichte erzählte. »Und die Temperatur im Raum schien auf Null zu sinken. Ich hatte recht – der Richter irrte sich. Und ich hatte es ihm offen ins Gesicht gesagt. Aber glauben Sie, daß er mir nach dieser Feststellung etwa wohlgesinnt war? Alles andere. Ich bin heute noch überzeugt, daß ich das Recht auf meiner Seite hatte, und ich weiß, daß ich besser plädiert habe denn je zuvor. Aber ich kam nicht durch. Ich hatte den unverzeihlichen Fehler begangen, einem hochgelehrten, berühmten Mann zu sagen, daß er sich irrte.«

Wenige Menschen denken logisch. Die meisten haben Vorurteile, sind subjektiv, lassen sich von vorgefaßten

Meinungen, Eifersucht, Mißtrauen, Angst, Neid und Stolz beherrschen. Die wenigsten sind bereit, ihre Ansichten über ihre Religion oder ihren Haarschnitt oder den Kommunismus oder ihren Lieblingsstar zu ändern. Wenn Sie also dazu neigen, die Menschen auf ihre Irrtümer aufmerksam zu machen, dann lesen Sie bitte jeden Morgen vor dem Frühstück den folgenden Abschnitt aus James Harvey Robinsons aufschlußreichem Buch über Meinungsbildung.

»Wir ändern manchmal unsere Anschauungen widerstandslos und ohne jegliche Erschütterung. Sagt man uns jedoch, daß wir im Unrecht sind, dann weisen wir diese Anschuldigungen zurück und verhärten unsere Herzen. Wie schnell und unglaublich leichtsinnig bilden wir uns oft eine Meinung, aber mit welcher Hartnäckigkeit treten wir für sie ein, wenn sie angegriffen wird. Wir hängen offenbar nicht so sehr an unseren Ansichten als vielmehr an unserem Eigendünkel, den wir in Gefahr sehen ... Das Wörtchen ›mein‹ ist das wichtigste in allen menschlichen Belangen, und richtig damit umzugehen, ist der Anfang aller Weisheit. Es hat dieselbe Macht, ob es sich nun um ›mein‹ Essen, ›meinen‹ Hund und ›mein‹ Haus oder um ›meinen‹ Vater, ›mein‹ Land und ›meinen‹ Gott handelt. Wir verwahren uns nicht nur gegen die Behauptung, daß unsere Uhr nicht richtig geht oder unser Wagen schäbig ist, sondern auch dagegen, daß unsere Vorstellung von den Marskanälen, vom medizinischen Wert des Salizyls oder von der Regierungsdauer König Sargons I. anfechtbar sein könnte ... Es gefällt uns, weiter an unserer altvertrauten Meinung festzuhalten. Aus Kränkung darüber, daß jemand die Richtigkeit unserer Anschauung in Zweifel zieht, suchen wir nach jedem nur denkbaren Vorwand zu ihrer Verteidigung, mit dem Ergebnis, daß unsere sogenannten Diskussionen damit enden, daß wir weiterhin auf dem beharren, was wir schon immer geglaubt haben.«

Carl R. Roger, der berühmte amerikanische Psychologe und Psychotherapeut, schrieb in seinem Buch *Entwicklung der Persönlichkeit:*

»Ich habe herausgefunden, daß es etwas vom Wichtigsten ist, daß ich mir erlaube, den andern zu verstehen. Sie finden die Wahl meiner Worte vielleicht seltsam. Ist es nötig, daß man es sich erlaubt, einen andern Menschen zu verstehen? Ich finde es. Unsere erste Reaktion auf die meisten Äußerungen (die wir von andern Leuten zu hören bekommen) ist viel eher eine Bewertung oder Beurteilung als ein Verstehen. Wenn jemand eine Empfindung, eine Einstellung oder eine Meinung äußert, neigen wir fast unmittelbar zu einer gefühlsmäßigen Reaktion wie ›das stimmt‹ oder ›das ist dumm‹, ›das ist abnormal‹, ›das ist unvernünftig‹, ›das ist falsch‹, ›das ist nicht nett‹. Nur selten erlauben wir es uns, genau zu verstehen, welche Bedeutung seine Äußerung für den andern hat.«

Ich habe einmal einen Innendekorateur damit beauftragt, in meiner Wohnung einige neue Vorhänge anzubringen. Als er mir die Rechnung dafür schickte, hielt ich den Atem an.

Einige Tage später besuchte mich eine Bekannte und besah sich die Vorhänge. Ich nannte ihr den Preis, worauf sie mit einer Spur von Schadenfreude ausrief: »Was? Der Mensch ist wohl wahnsinnig? Der hat Ihnen ja nicht schlecht das Fell über die Ohren gezogen.«

Was sie sagte, stimmte. Aber wenige Leute hören

gerne die Wahrheit über ihre eigene Urteilsfähigkeit. Und da ich auch nur ein Mensch bin, fing ich an, mich zu verteidigen. Ich wies sie darauf hin, daß das Beste selten das Billigste sei und daß man Qualität und künstlerischen Geschmack nirgends für einen Spottpreis bekommen könne und so weiter und so fort.

Am folgenden Tag kam zufällig eine andere Bekannte vorbei. Sie bewunderte die Vorhänge und war ganz außer sich vor Begeisterung und meinte, sie wollte, sie könnte sich ein so exklusives Material für ihr Heim leisten. Darauf reagierte ich nun ganz anders und sagte: »Ehrlich gestanden kann ich es mir selber nicht leisten. Ich habe viel zuviel dafür bezahlt und bereue es, daß ich sie überhaupt bestellt habe.«

Haben wir unrecht, so geben wir es vor uns selber manchmal zu. Manchmal sogar vor andern, sofern sie sich freundlich und taktvoll benehmen. Dann sind wir stolz auf unsere Offenheit und Großzügigkeit. Entreißen aber lassen wir uns das Geständnis unseres eigenen Irrtums unter keinen Umständen.

Horace Greeley, der berühmteste amerikanische Journalist zur Zeit des Bürgerkrieges, bekämpfte Lincolns Politik aufs heftigste. Er bildete sich ein, daß er durch Beweise, Spott und Beschimpfungen Lincolns Einstellung ändern könne. Monat für Monat, Jahr für Jahr griff er ihn unerbittlich an. Er schrieb sogar noch in jener Nacht, als Lincoln von Booth erschossen wurde, eine erbarmungslose, harte und sarkastische Attacke gegen den Präsidenten.

Aber alle diese Angriffe konnten Lincoln nicht umstimmen. Mit Spott und Beschimpfungen kann man einen Menschen niemals von einem Irrtum überzeugen.

Wenn Sie wissen wollen, wie man mit Menschen umgehen und sich selber verhalten muß, dann lesen Sie Benjamin Franklins Memoiren – eine der großartigsten Autobiographien, die je geschrieben worden sind, und ein klassisches Werk der amerikanischen Literatur.

Benjamin Franklin erzählt darin, wie er selber die üble Gewohnheit der Rechthaberei überwunden und sich zu einem der geschicktesten, höflichsten und diplomatischsten Menschen umerzogen hat.

Als er noch ein unbesonnener junger Mann war, nahm ihn eines Tages ein alter Quäkerfreund beiseite und gab ihm ein paar bittere Tatsachen zu schlucken.

»Ben, du bist unmöglich. Jedem, der nicht mit dir einiggeht, teilst du geistige Ohrfeigen aus. Niemand hat mehr Lust, mit dir zu diskutieren, und deine Freunde finden, daß sie sich besser unterhalten, wenn du nicht dabei bist. Du weißt so viel, daß du dir von keinem etwas sagen läßt. Es versucht's schon gar keiner mehr, denn er würde sich damit doch nur Unannehmlichkeiten bereiten. Aber auf diese Weise wirst du nie im Leben mehr lernen, als du jetzt schon weißt – und das ist herzlich wenig!«

Wie Ben Franklin auf diesen schmerzlichen Tadel seines Freundes reagierte, ist bewundernswert. Er war klug genug, einzusehen, daß der Mann die Wahrheit gesprochen hatte und daß ihm sein Verhalten unweigerlich berufliche und gesellschaftliche Schwierigkeiten bereiten würde. Folglich machte er kehrt und legte sein anmaßendes und eigensinniges Benehmen ab.

»Ich machte es mir zur Regel, den Ansichten anderer Menschen nicht mehr direkt zu widersprechen und nicht mehr auf meinen eigenen Behauptungen zu beharren«, sagte Franklin. »Ich hütete mich sogar davor, meine Meinung durch Ausdrücke wie ›sicher‹ oder ›zweifellos‹ zu untermauern, und benutzte statt dessen

Wendungen wie ›ich denke‹, ›ich befürchte‹, ›ich stelle mir vor‹, daß etwas so und so ist, oder ›mir scheint es im Augenblick so‹. Wenn einer etwas behauptete, das mir verkehrt schien, dann verzichtete ich auf den Genuß, ihm zu widersprechen und ihm die Lächerlichkeit seiner Behauptung vor Augen zu führen, und begann meine Entgegnung mit dem Hinweis, daß er in bestimmten Fällen oder unter gewissen Umständen recht hätte, daß ich aber im vorliegenden Fall vermute oder glaube und so weiter. Ich fand bald heraus, daß mein verändertes Benehmen seine Vorteile hatte.

Die Gespräche, an denen ich teilnahm, verliefen jetzt bedeutend freundlicher. Meine bescheiden vorgebrachten Ansichten fanden bereitwilligere Aufnahme und stießen seltener auf Widerspruch. War ich im Unrecht, dann war die Demütigung nicht mehr so groß. Gleichzeitig konnte ich die andern nun leichter dazu bewegen, ihre Fehler einzusehen und mir recht zu geben, wenn ich im Recht war. Dieses Verhalten, zu dem ich mich anfänglich gegen meine natürliche Veranlagung zwingen mußte, wurde mir mit der Zeit so sehr Gewohnheit, daß mich wahrscheinlich in den letzten fünfzig Jahren niemand eine dogmatische Behauptung aufstellen hörte. Außer meinem Charakter habe ich es wohl in erster Linie dieser Gewohnheit zu verdanken, daß ich bei meinen Mitbürgern so viel Verständnis fand, wenn ich eine Neuerung oder Änderung vorschlug, und daß ich in der Öffentlichkeit einen so großen Einfluß hatte und mich durchsetzen konnte, obschon ich kein begabter Redner war und nur zögernd die richtigen Worte fand und selten fehlerfrei sprach.«

Welchen Erfolg hat Benjamin Franklins Methode im Geschäftsleben? Ich will Ihnen dafür zwei Beispiele geben.
Katherine Allred ist Werkingenieurin und Aufseherin

in einer Fabrik für Garnherstellung. Sie erzählte vor einer unserer Klassen, wie sie ein heikles Problem vor und nach dem Besuch unseres Kurses handhabte.

»Es gehört zu meinen Aufgaben, Pläne für Akkordarbeit aufzustellen und Leistungsprämien auszusetzen, damit unsere Arbeiterinnen angespornt werden und mehr Geld verdienen. Das angewandte System hatte sich gut bewährt, solange wir nur zwei oder drei Garnqualitäten herstellten. Wir hatten jedoch inzwischen unsere Einrichtungen ausgebaut und unser Fabrikationsprogramm auf zwölf verschiedene Garne erweitert. Unsere bisherigen Akkordpläne und Zusatzprämien genügten nicht mehr, um die Arbeiterinnen korrekt zu entlohnen und zu Mehrleistungen zu ermuntern. Ich hatte daher ein neues System ausgearbeitet, das uns ermöglichen sollte, die Arbeiterin unter Berücksichtigung sowohl der aufgewendeten Zeit wie des von ihr hergestellten Garntyps zu entschädigen. Mit meinem neuen Plan in der Hand erschien ich vor der Direktionskonferenz, überzeugt, daß mein System richtig war. Ich beschrieb den Anwesenden ganz genau, was falsch gemacht würde, wie ungerecht das wäre und wie ich genau wüßte, was man ändern müßte. Und fiel damit, gelinde gesagt, himmelhoch durch. Ich war so darauf versessen, meinen Standpunkt und mein neues Konzept zu verteidigen, daß ich ihnen gar keine Gelegenheit ließ, die Unzulänglichkeit des bisherigen Systems selbst zu erkennen. Das Resultat war gleich Null.

Nachdem ich dann eine Zeitlang diesen Kurs besucht hatte, wußte ich genau, worin mein Fehler bestand, und an der nächsten Sitzung erkundigte ich mich zuerst, wo die andern Anwesenden die Ursache des Problems vermuteten. Wir sprachen jeden einzelnen Punkt durch, und ich bat um ihre Meinung und Vorschläge. Mit ein paar zurückhaltend geäußerten Denkanstößen zu gegebener Zeit ließ ich sie meine Lösung auf eigene Faust finden, und als ich ihnen am Schluß der Sitzung mein System unterbreitete, nahmen sie es mit Begeisterung an.

Seither bin ich überzeugt, daß man nichts erreicht, sondern nur viel Schaden anrichtet, wenn man einem Menschen ins Gesicht sagt, daß er sich irrt. Man kränkt ihn dadurch nur in seinem Selbstbewußtsein und macht sich unbeliebt.«

Die zweite Geschichte passierte R. V. Crowley, Vertreter einer großen Holzhandlung. Auch sie ist ein typisches Beispiel für die Erfahrungen von Tausenden von Menschen. Crowley hat zugegeben, daß er hartgesottenen Holzinspektoren während Jahren erklärt hätte, sie seien im Unrecht. Manchmal konnte er sie sogar überzeugen, aber das hat ihm nichts eingetragen, »denn diese Holzinspektoren sind wie Schiedsrichter bei einem Fußballspiel«, bekannte Mr. Crowley. »Haben sie einmal ein Urteil gefällt, dann lassen sie sich nicht mehr davon abbringen.«

Mr. Crowley mußte zusehen, wie seine Firma Tausende von Dollar verlor, weil er den Holzinspektoren seine Meinung sagte. Während er meinen Kurs besuchte, beschloß er, seine Taktik zu ändern und seine Rechthaberei einzustellen. Mit welchem Erfolg, erzählte er später vor der Klasse.

»Eines Morgens ging das Telefon in meinem Büro. Eine aufgeregte und verärgerte Männerstimme am anderen Ende des Drahtes ließ mich wissen, daß wir ihm eine Holzladung angeliefert hätten, die absolut unbefriedigend sei. Er hätte das Abladen abgestoppt und verlange, daß wir die ganze Sendung unverzüglich zurücknähmen.

Ungefähr ein Viertel war bereits abgeladen, als ihm der Holzinspektor mitteilte, fünfundzwanzig Prozent der Ware hätte Untermaß. Unter diesen Umständen verweigere er die Annahme.

Ich fuhr unverzüglich zu der betreffenden Firma und

überlegte mir unterwegs, wie ich mich verhalten sollte. Gewöhnlich hätte ich unter solchen Umständen die Meßvorschriften zitiert und versucht, den Inspektor aufgrund meiner eigenen Erfahrungen als Holzinspektor davon zu überzeugen, daß das Holz richtig ausgemessen sei, er aber bei seiner Kontrolle die Vorschriften nicht genau beachtet hätte. Ich entschloß mich nun aber, die Regeln zu befolgen, die ich in diesem Kurs gelernt hatte. Am Ziel angekommen, fand ich den Firmeninhaber und den Holzinspektor in schlechtester Laune und kampfbereiter Stimmung vor. Wir gingen zum Wagen, der das Holz hergefahren hatte, und ich verlangte, daß man weiter abladen solle, damit ich mich selber von der Situation überzeugen könne. Ich bat den Holzinspektor, mit seiner Kontrolle fortzufahren und die zu beanstandenden Stücke herauszulegen und die guten gesondert zu stapeln.

Nachdem ich ihm eine Weile zugeschaut hatte, wurde mir klar, daß der Inspektor tatsächlich allzu streng war und die Meßvorschriften ganz falsch auslegte. Es handelte sich bei dieser speziellen Ladung um Kiefer, und ich wußte, daß der Inspektor in harten Hölzern zwar bestens bewandert war, aber nichts von Kiefer verstand, über die ich zufällig genau Bescheid wußte. Ich enthielt mich jedoch jeglicher Kritik an seinen Messungen, sondern fragte ihn nur hie und da bei einzelnen Stücken, was er daran zu beanstanden hätte. Ich ließ keinen Moment durchblicken, daß sich der Inspektor irrte, sondern betonte, daß ich einzig deshalb frage, damit wir uns bei der nächsten Sendung genau nach den Wünschen seiner Firma richten könnten.

Durch mein freundliches, entgegenkommendes Verhalten und dadurch, daß ich immer wieder betonte, er solle nur ja alle Bretter herauslegen, die den Ansprüchen seiner Firma nicht genügten, taute ich ihn ein bißchen auf, und allmählich begann das Eis zwischen uns zu schmelzen. Eine gelegentliche, vorsichtige Bemerkung meinerseits brachte ihn langsam auf den Gedanken, daß vielleicht einige der zurückgewiesenen Bretter doch noch in einem annehmbaren Rahmen wären. Ich achtete aber sehr darauf, daß er nicht das Gefühl hatte, ich mache viel Aufhebens von diesem Punkt.

Mit der Zeit änderte sich sein ganzes Benehmen. Schließlich gestand er mir, daß er mit Kiefer keine Erfahrung hatte, und fragte mich bei jedem Brett, das abgeladen wurde, nach meiner Meinung. Ich erklärte ihm bereitwillig, aus welchem Grund das Stück den vorgeschriebenen Anforderungen entspreche, beharrte aber darauf, daß seine Firma es nicht annehmen müsse, wenn es für ihre Zwecke ungeeignet sei. Es kam so weit, daß er bei jedem Brett, das er ausschied, ein schlechtes Gewissen hatte, bis er endlich einsah, daß der Fehler bei seiner Firma lag, weil sie nicht ausdrücklich diejenigen Fertigmaße bestellt hatte, die sie brauchten.

Das Endergebnis war, daß er die ganze Ladung nach meiner Abfahrt noch einmal durchging, sie vollumfänglich akzeptierte und bezahlte.

Ein wenig Takt und der Verzicht, dem andern zu sagen, daß er im Unrecht ist, ersparten meiner Firma eine Menge Geld sowie den Verlust eines guten Kunden, dessen Wert sich schwer in Zahlen ausdrücken läßt.«

Martin Luther King wurde einmal gefragt, wie es möglich sei, daß er als Pazifist den General der Luftwaffe, Daniel ›Chappie‹ James, den höchsten schwarzen Offizier der Nation, so bewundere. Dr. King gab zur Antwort: »Ich beurteile die Menschen nach ihren eigenen Maßstäben und nicht nach den meinen.«

In ähnlichem Sinne sprach General Robert E. Lee einst zu Jefferson Davis, dem Präsidenten der Konföderation, über einen bestimmten Offizier, der unter seinem Kommando stand. Ein anderer Offizier, der das hörte, meinte nachher erstaunt: »Aber, Herr General, wissen Sie denn nicht, daß dieser Mann, von dem Sie soeben in den höchsten Tönen gesprochen haben, einer Ihrer erbittertsten Feinde ist und keine Gelegenheit verpaßt, um Sie zu verleumden?« – »Doch«, erwiderte General Lee, »aber der Präsident fragte mich nach meiner Meinung über ihn und nicht danach, was er von mir hält.«

Nebenbei gesagt erzähle ich Ihnen in diesem Kapitel gar nichts Neues. Vor über neunzehnhundert Jahren lehrte schon Christus: »Sei willfährig deinem Widersacher!«

Und zweitausendzweihundert Jahre vor Christi Geburt gab König Akhtoi von Ägypten seinem Sohn einen schlauen Rat, den wir heute nötiger haben denn je: »Sei diplomatisch, dann wirst du eher erreichen, was du dir vorgenommen hast.«

Mit andern Worten: Streiten Sie sich nicht mit Ihrem Kunden oder Ihrem Ehepartner oder Ihrem Gegner herum. Sagen Sie ihm nicht, daß er unrecht hat, reizen Sie ihn nicht, sondern seien Sie ein bißchen diplomatisch.

☐ Achten Sie des andern Meinung und
   sagen Sie ihm nie: »Das ist falsch.«

7. Der Weg zur Vernunft führt über das Herz

Wenn Sie verärgert sind und machen Ihrem Ärger Luft, dann fühlen Sie sich erleichtert. Aber was denken Sie, wie sich der andere fühlt? Glauben Sie, daß er Ihre Erleichterung teilt? Daß Ihr unfreundlicher Ton und Ihre feindselige Haltung ihn ermuntern, Ihnen beizustimmen?

»Wenn Sie mit geballten Fäusten auf mich losgehen, dann können Sie sicher sein, daß meine Fäuste mindestens so hart sind«, sagte Woodrow Wilson. »Wenn Sie aber kommen und vorschlagen, daß wir uns zusammensetzen und miteinander überlegen sollten, warum wir nicht gleicher Meinung sind und uns über die strittigen Fragen aussprechen sollten, dann werden wir bald feststellen, daß unsere Ansichten gar nicht so sehr auseinandergehen und nur in wenigen Punkten voneinander abweichen, in den meisten jedoch übereinstimmen, und daß wir uns mit ein bißchen Geduld und gegenseitigem Bemühen ohne weiteres einigen können, wenn wir es nur wollen.«

Niemand achtete die Wahrheit von Woodrow Wilsons Worten mehr als John D. Rockefeller junior. 1915 war Rockefeller der meistgehaßte Mann in Colorado. Das Land hatte zwei Jahre lang unter einem der furchtbarsten Streiks in der amerikanischen Industrie gelitten. Erbitterte und erzürnte Bergleute forderten von der ›Colorado

Kohle- und Eisengesellschaft‹, der Rockefeller damals vorstand, höhere Löhne. Zahlreiches Eigentum war zerstört, und Truppen waren zur Wiederherstellung von Ruhe und Ordnung aufgeboten worden. Es kam zu blutigen Auseinandersetzungen, bei denen mehrere Streikende erschossen wurden.

In dieser von Haß geschwängerten Zeit wollte Rockefeller die Streikenden von seiner Idee überzeugen, und es gelang ihm tatsächlich. Nachdem er Wochen damit zugebracht hatte, Freunde zu gewinnen, richtete er das Wort an eine Abordnung der Streikenden. Seine Rede war ein Meisterstück und hatte einen unerwarteten Erfolg. Sie glättete die Wogen des Hasses, die Rockefeller eben noch zu verschlingen drohten, und schaffte ihm eine große Anzahl Bewunderer. Rockefeller wußte die Situation so verständnisvoll zu schildern, daß viele der Streikenden zu ihrer Arbeit zurückkehrten, ohne mehr ein Wort über die Lohnerhöhung zu verlieren, für die sie eben noch gekämpft hatten.

Ich will nur den Anfang dieser großartigen Rede zitieren. Achten Sie auf die freundschaftliche Gesinnung, die aus jedem Satz herauszuspüren ist. Und denken Sie dabei daran, daß Rockefeller zu Männern sprach, die ihn noch vor wenigen Tagen am liebsten an einem Laternenpfahl aufgehängt hätten. Trotzdem hätte er nicht gütiger und freundlicher sein können, wenn er eine Gruppe von Missionaren vor sich gehabt hätte. Seine Rede strotzte von Wendungen wie: Ich bin *stolz* darauf, vor Ihnen zu stehen; nachdem ich viele von Ihnen *zu Hause besucht* habe, viele von Ihren Frauen und Kindern kennengelernt habe; wir sind hier nicht als Fremde zusammengekommen, sondern als *Freunde*; im Geiste *gegenseitiger Freundschaft*; unsere *gemeinsamen* Interessen; nur Ihrem Entgegenkommen habe ich es zu verdanken, daß ich jetzt hier stehe.

»Ich werde diesen Tag in meinem Kalender rot anstreichen«, hob Rockefeller zu sprechen an. »Es ist das erstemal, daß es mir vergönnt ist, mit den Vertretern der Arbeiterschaft unserer großen Gesellschaft sowie mit ihren leitenden Angestellten in einem Raum zusammenzukommen, und ich kann Ihnen versichern, daß ich stolz darauf bin, in Ihrer Mitte zu sein, und daß ich dieses Ereignis mein ganzes Leben lang nicht vergessen werde. Hätte diese Begegnung vor zwei Wochen stattgefunden, dann wäre ich als ein Fremder hier vor Ihnen gestanden und hätte nur wenige Gesichter gekannt. Nachdem ich nun aber im Verlaufe der letzten Woche Gelegenheit hatte, die südlichen Kohlenreviere zu besuchen und persönlich mit fast allen Vertretern der Arbeiterschaft zu sprechen, außer mit denjenigen, die gerade abwesend waren, nachdem ich Sie in Ihren Häusern und Wohnungen besucht und viele von Ihren Frauen und Kindern kennengelernt habe, sind wir nicht als Fremde hier versammelt, sondern als Freunde, und es freut mich, daß ich die Möglichkeit habe, im Geiste dieser gegenseitigen Freundschaft mit Ihnen über unsere gemeinsamen Interessen zu sprechen.

Da es sich hier um eine Versammlung der Leiter unserer Gesellschaft und der Vertreter der Arbeiterschaft handelt und da ich nicht das Glück habe, zu den einen oder zu den andern zu gehören, verdanke ich es einzig Ihrem Entgegenkommen, daß ich hier sein kann. Trotzdem fühle ich mich mit Ihnen eng verbunden, denn in gewissem Sinne vertrete ich beide Seiten – die Aktionäre und die Verwaltung.«

Ist das nicht ein blendendes Beispiel dafür, wie man aus Feinden Freunde machen kann?

Angenommen, Rockefeller hätte eine andere Taktik eingeschlagen. Angenommen, er hätte sich mit diesen Bergleuten gestritten und ihnen vernichtende Tatsachen ins Gesicht geschleudert. Angenommen, er hätte ihnen durch Anspielungen und Tonfall zu merken gegeben, daß sie im Unrecht waren. Angenommen, er hätte ihnen gegen sämtliche Regeln der Logik bewiesen, daß sie unrecht hatten. Was wäre die Folge davon gewesen? Noch mehr Verdruß, noch mehr Haß und noch mehr Aufstände.

Solange das Herz eines Menschen mit Zwietracht und Feindschaft erfüllt ist, kann man es mit aller Logik der Welt nicht bekehren. Scheltende Eltern, tyrannische Vorgesetzte und Ehemänner sowie nörgelnde Ehefrauen sollten sich merken, daß kein Mensch gerne seine Meinung ändert und daß man niemanden mit Gewalt zu einer Überzeugung zwingen kann. Möglicherweise kann man ihn aber mit Sanftmut und Freundlichkeit dazu bringen.

Lincoln sagte das schon vor hundert Jahren mit folgenden Worten:

»Es ist eine alte Wahrheit, daß man mit einem Tropfen Honig mehr Fliegen fängt als mit einer ganzen Kanne voll Galle. Das gleiche gilt für die Menschen. Wenn man jemanden für seine Sache gewinnen will, muß man ihm erst beweisen, daß man sein Freund ist. Das ist der Tropfen Honig, den man in sein Herz träufelt, denn der Weg zur Vernunft führt immer über das Herz.«

Mancher Unternehmer hat schon die Erfahrung gemacht, daß es sich lohnt, mit Streikenden freundlich zu sein. Als seinerzeit Arbeiter der White-Lastwagenfabrik in den Streik traten und höhere Löhne sowie die Anerkennung der Gewerkschaft forderten, überschüttete Generaldirektor Robert F. Black sie nicht mit Vorwürfen und Drohungen und sprach nicht von Gewaltanwendung und Kommunismus, sondern er lobte die Streikenden. Er ließ ein Inserat in die Zeitungen von Cleveland einrücken und sprach ihnen darin seine Anerkennung dafür aus, daß sie ihre Arbeit »ruhig und ohne Aufstände« niedergelegt hatten. Da er die Streikposten untätig herumstehen sah, kaufte er ihnen ein paar Dutzend Baseballschläger und Handschuhe und ermunterte sie, auf dem leeren Fabrikareal Baseball zu spielen. Für diejenigen, die lieber kegelten, mietete er eine Kegelbahn. Wer freundlich ist, dem wird auch Freundlichkeit zuteil. Die Streikenden liehen sich Besen, Schaufel und Müllwagen aus und fingen an, rings um die Fabrik weggeworfene Streichhölzer, Zigarren- und Zigarettenstummel sowie Papierfetzen aufzusammeln. Können Sie sich das vorstellen? Streikende, die das Fabrikareal säubern, während sie für höhere Löhne und Anerkennung der Gewerkschaft kämpfen! So etwas war in der Geschichte der langwierigen und stürmischen Arbeiteraufstände in Amerika noch nie dagewesen. Dieser Streik konnte innerhalb einer Woche durch einen Kompromiß beigelegt werden – ohne Groll oder bittere Gefühle zu hinterlassen.

Daniel Webster, der aussah wie ein Gott und sprechen konnte wie Jehova und einer der erfolgreichsten Rechtsanwälte war, die je eine Sache vor Gericht vertreten haben, begann selbst die unwiderlegbarsten Beweisführungen mit einer freundlichen Einleitung wie: »Ich möchte das Gericht bitten, zu bedenken ...«, »Dabei müßte man vielleicht in Betracht ziehen ...«, »Ich erwähne hier ein paar Dinge, die Sie, meine Herren, bestimmt im Auge behalten werden«, oder »Dank Ihrer Menschenkenntnis können Sie die Bedeutung dieser Tatsachen ohne weiteres ermessen.« Kein Auftrumpfen, kein Versuch, dem andern seine Meinung einzuhämmern, sondern ruhig und freundlich vorgetragene Argumente, die mithalfen, Daniel Webster berühmt zu machen.

Vielleicht kommen Sie nie in die Lage, mit Streikenden zu verhandeln oder vor Gericht zu sprechen, aber vielleicht möchten Sie eines Tages gerne eine Mietzinsermäßigung erwirken. Sehen wir einmal, ob sich Freundlichkeit auch in solchen Fällen bewährt.

Der Ingenieur O. L. Straub fand seinen Mietzins zu hoch, aber er wußte, daß mit dem Hausverwalter nicht gut Kirschen essen war. »Ich schrieb ihm, daß ich die Wohnung aufgeben werde, sobald mein Mietvertrag abgelaufen sei«, erzählte Mr. Straub. »In Wirklichkeit hatte ich jedoch nicht die geringste Lust auszuziehen. Ich wollte nur, daß er mir mit dem Mietzins hinunterginge. Aber die Sache schien aussichtslos. Andere Mieter hatten es vor mir schon versucht, und keiner hatte bis jetzt etwas erreicht. Jeder warnte mich, daß der Hausverwalter ein äußerst schwieriger Geselle sei. Aber ich dachte mir, da ich einen Kurs besuchte, um zu lernen, wie man mit Menschen umgehen muß, würde ich jetzt einmal an meinem Hausverwalter ausprobieren, was dabei herausschaut.

Kaum hatte er meinen Brief erhalten, kam er mit seiner Sekretärin her. Ich öffnete ihm die Tür mit einem freundlichen Lächeln und quoll buchstäblich über vor Entgegenkommen und Begeisterung. Natürlich fing ich nicht gleich von der Höhe der Miete an, sondern davon, wie gut mir diese Wohnung gefalle. Ich spendete ihm jede nur denkbare Anerkennung und großzügigstes Lob, machte ihm ein Kompliment, wie ausgezeichnet er das Haus verwalte, und erklärte ihm, daß ich sehr gerne noch ein weiteres Jahr hier wohnen würde, es mir aber leider nicht leisten könne.

Er war solche Empfänge von seinen Mietern offensichtlich nicht gewöhnt und konnte sich absolut keinen Vers darauf machen.

Da begann er mir von seinen Sorgen mit den Mietern zu erzählen. Einer hatte ihm vierzehn Briefe geschrieben, darunter einige geradezu beleidigende. Ein anderer drohte mit Vertragsbruch, wenn er nicht unverzüglich dafür sorge, daß sein Nachbar im oberen Stock aufhöre zu schnarchen. ›Welch eine Erholung‹, meinte er, ›wenn man es einmal mit einem zufriedenen Mieter zu tun hat.‹ Ohne daß ich überhaupt darum ersucht hatte, anerbot er mir von sich aus, den Mietzins ein bißchen zu ermäßigen. Er war mir aber immer noch zu hoch, und deshalb nannte ich ihm die Summe, die ich bezahlen konnte. Der Hausverwalter war nun ohne weiteres damit einverstanden. Ehe er ging, fragte er mich sogar noch, ob irgend etwas an meiner Wohnung zu machen sei.

Wenn ich mit den gleichen Methoden wie die andern versucht hätte, eine Reduktion zu erwirken, dann hätte ich bestimmt genausowenig Erfolg gehabt wie sie. Durch mein freundliches und liebenswürdiges Verhalten aber und durch meine Anerkennung hatte ich den Hausverwalter gewonnen.«

Dean Woodcock ist Abteilungsleiter der städtischen Elektrizitätsgesellschaft in Pittsburg. Seine Leute sollten zuoberst an einem Leitungsmast eine Reparatur vornehmen. Solche Arbeiten waren bisher von einer andern Abteilung ausgeführt und erst vor kurzem Woodcocks Sektion zugeteilt worden. Wohl waren die zuständigen Männer entsprechend ausgebildet, doch hier kamen sie nun zum erstenmal in praktischen Einsatz, und alles wollte sehen, ob und wie sie ihre Aufgabe erledigten. Mr. Woodcock sowie einige seiner Mitarbeiter, aber auch Kollegen aus andern Abteilungen stellten sich als Zuschauer ein. Autos und Lastwagen standen herum, und eine Menge Menschen starrte zu den beiden Männern zuoberst auf dem Mast hinauf.

Als er zwischendurch einen Blick in die Runde warf, beobachtete Woodcock, wie in der Nähe ein Unbekannter mit einem Fotoapparat aus einem Wagen stieg und anfing, die Szene zu fotografieren. Beamte in öffentlichem Dienst reagieren empfindlich auf derlei Reklame, und Woodcock wurde schlagartig bewußt, wie dieses Bild auf einen Außenstehenden wirken mußte – überwältigend. Dutzende von Leuten, die aufgeboten wurden, um die Arbeit von zwei Männern zu erledigen. In aller Ruhe schritt er auf den Fotografierenden zu.

»Ich sehe, Sie interessieren sich für unsere Arbeit.«

»Stimmt, und meine Mutter wird sich noch viel mehr dafür interessieren. Sie besitzt nämlich Aktien von Ihrer Gesellschaft. Das hier wird ihr die Augen öffnen. Vielleicht wird sie ihr Geld nachher besser anlegen. Ich sage ihr schon seit Jahren, daß solche Gesellschaften verschwenderisch damit umgehen. Das ist der Beweis dafür. Die Zeitungen dürften an diesen Bildchen ebenfalls interessiert sein.«

»Es sieht wirklich so aus, nicht wahr? An Ihrer Stelle würde ich genau das gleiche denken. Aber es ist eine besondere Situation . . .«, und Dean Woodcock begann zu erklären, daß dies die erste derartige Aufgabe seiner Abteilung sei und wie vom Chef an abwärts alle an ihrer Ausführung interessiert wären. Er versicherte dem Mann, daß eine solche Arbeit normalerweise von zwei Leuten verrichtet würde. Der Fotograf steckte seine Kamera schließlich weg, schüttelte Woodcock die Hand und dankte ihm, daß er sich die Mühe genommen hatte, ihm die Situation zu erklären.

Dean Woodcocks freundliches Verhalten ersparte seiner Gesellschaft eine Menge Ärger und schlechte Reklame.

Ein anderer Kursbesucher berichtete, wie er es freundlichem Verhalten zu verdanken hatte, daß seinem Schadenersatzanspruch voll und ganz stattgegeben wurde.

»Zu Beginn des Frühjahrs, als der Boden noch nicht wieder aufgetaut war, hatten wir ungewöhnlich schwere Regenfälle, und das Wasser, das normalerweise durch die Straßengräben und die Kanalisation abfloß, bahnte sich seinen Weg in eine Überbauung, wo ich eben ein neues Haus bezogen hatte.

Da es nirgendhin abfließen konnte, sammelte es sich unter dem Fundament meines Hauses. Sein Druck sprengte schließlich den Betonboden des Erdgeschosses, und das ganze Geschoß füllte sich mit Wasser. Dadurch wurden Heizung und Warmwasseraufbereiter beschädigt. Die Reparaturkosten sollten zweitausend Dollar übersteigen. Eine Versicherung, die derartige Schäden deckte, hatte ich nicht.

Dann fand ich jedoch heraus, daß der Unternehmer bei der Erschließung des Areals vergessen hatte, für mein Grundstück einen Unwetterkanal einzubauen, der diesen Schaden verhindert hätte. Ich vereinbarte mit dem zuständigen Mann ein Treffen, und während der ganzen fünfunddreißig Kilometer bis zu seinem Büro überdachte ich die Sache noch einmal genau und rief mir die Regeln unseres Kurses in Erinnerung. Ich kam zum Schluß, daß es zwecklos war, meinem Ärger freien Lauf zu lassen. Ich blieb deshalb ausgesprochen ruhig und begann damit, den Unternehmer nach seinen Ferien auf den Bahamas zu fragen.

Als ich den Augenblick für gekommen hielt, erwähnte ich ein ›kleines Problem‹ mit einem Wasserschaden. Der Mann anerbot sich sogleich, seinen Anteil an dessen Behebung zu übernehmen.

Ein paar Tage später rief er mich an und erklärte, er werde für den ganzen Schaden aufkommen und auch einen Unwetterkanal einbauen, damit so etwas nicht wieder passiere.

Obschon er allein an der ganzen Geschichte schuld war, hätte ich ihn ohne mein freundliches Verhalten nur schwer dazu gebracht, die volle Verantwortung zu übernehmen.«

Als ich noch ein kleiner Junge war und barfuß durch die Wälder von Missouri zur Schule lief, las ich eines Tages eine Fabel von der Sonne und vom Wind. Die beiden stritten sich darüber, wer von ihnen der Stärkere sei, und der Wind sagte: »Ich bin stärker als du. Siehst du dort unten den alten Mann im Mantel? Ich wette, ich kann ihn schneller dazu bringen, seinen Mantel auszuziehen, als du.«

Die Sonne schlüpfte hinter eine Wolke, und der Wind blies und blies. Doch je kräftiger und stürmischer er blies, um so fester hüllte sich der Mann in seinen Mantel.

Schließlich ließ der Wind nach und gab auf. Da kam die Sonne hinter der Wolke hervor und lächelte freundlich auf den alten Mann hinunter. Bald schon trocknete er sich die Stirne vom Schweiß und zog seinen Mantel aus. Hierauf sagte die Sonne zum Wind, daß Güte und Freundlichkeit immer stärker sind als Kraft und Gewalt.

Menschen, die wissen, daß man mit einem Tropfen Honig mehr erreicht als mit einer Kanne voll Galle, liefern uns täglich Beweise für die Richtigkeit dieser Methode.

Nehmen wir beispielsweise Gale Connor, der seinen neuen Wagen schon zum drittenmal in die Service-Garage geben mußte.

»Es war mir völlig klar«, erzählte er uns, »daß ich mit Räsonieren und Brüllen beim Chef des Kundendienstes nichts erreichen und mein Problem nicht lösen würde.

Folglich ging ich in den Ausstellungsraum und bat, den Inhaber der Vertretung zu sprechen. Nach kurzem Warten wurde ich in sein Büro geführt. Ich stellte mich vor und erzählte ihm, daß ich auf Empfehlung von Freunden meinen Wagen in seinem Geschäft gekauft hätte, weil man mir gesagt hatte, seine Preise wären vernünftig und sein Kundendienst ganz ausgezeichnet. Zufrieden lächelnd hörte er mir zu. Hierauf erklärte ich ihm freundlich, was ich an diesem Kundendienst auszusetzen hätte, und schloß: ›Es wäre schade, wenn dadurch der gute Ruf Ihres Unternehmens beeinträchtigt würde.‹ Er dankte mir dafür, daß ich ihn darauf aufmerksam gemacht hatte, und versicherte mir, die Sache in Ordnung zu bringen. Er kümmerte sich nicht nur persönlich um mein Problem, sondern lieh mir auch noch seinen Wagen, bis meiner repariert war.«

Äsop war ein griechischer Sklave, der sechshundert Jahre vor Christus am Hofe von Krösus gelebt und dort seine Fabeln gedichtet hat. Doch was er darin über das Wesen der Menschen gesagt hat, trifft heute auf die Bewohner von Boston, Bremen und Bordeaux genauso zu wie vor zweieinhalb Jahrtausenden auf die Einwohner von Athen. Die Sonne veranlaßt uns schneller als der Wind, unseren Mantel auszuziehen; Güte und Freundlichkeit bringen einen Menschen eher dazu, seine Meinung zu ändern, als alle Predigten und Drohungen der Welt.

Denken Sie daran, was Lincoln sagte: »Mit einem Tropfen Honig fängt man mehr Fliegen als mit einer Kanne voll Galle.«

☐ Versuchen Sie es stets mit
Freundlichkeit.

8. Das Geheimnis des Sokrates

Wenn Sie mit jemandem sprechen, sollten Sie nie mit einem Thema beginnen, über welches Sie und Ihr Gesprächspartner verschiedener Meinung sind. Fangen Sie im Gegenteil mit etwas an, worüber Sie sich einig sind, und heben Sie das immer wieder hervor. Betonen Sie, daß Sie beide dasselbe Ziel vor Augen haben und daß Ihre Ansichten lediglich darüber auseinandergehen, auf welchem Weg Sie es am besten erreichen.

Bringen Sie den andern dazu, am Anfang erst einmal »ja« zu sagen, und geben Sie ihm möglichst keine Gelegenheit, »nein« zu sagen.

»Eine negative Antwort ist immer schwer zu überwinden«, schreibt der Psychologe Harry Overstreet. »Hat jemand einmal ›nein‹ gesagt, so verlangt sein persönlicher Stolz, daß er bei diesem ›Nein‹ bleibt. Zwar sieht er später vielleicht ein, daß sein ›Nein‹ unbesonnen war, aber seine Eigenliebe erlaubt ihm nicht, dies zuzugeben. Was er gesagt hat, daran muß er festhalten. Daher ist es von allergrößter Wichtigkeit, daß wir ein Gespräch so lenken, daß wir vom andern zu Beginn eine Reihe positiver Antworten erhalten. Damit haben wir sein Unterbewußtsein in eine bejahende Richtung gesteuert. Es ist genau wie bei einer Billardkugel. Schickt man sie in eine bestimmte Richtung, so bedarf es einiger Kraft, um sie abzulenken.

Noch viel mehr Kraft aber braucht es, um sie in die entgegengesetzte Richtung zu bringen.

Das psychische Verhaltensmuster ist in diesem Fall sehr einfach. Sagt jemand ›nein‹ und meint er es auch, dann passiert weit mehr, als daß er nur ein Wort mit vier Buchstaben ausspricht. Sein gesamter Organismus, sein Drüsen-, Nerven- und Muskelsystem stellt sich auf Ablehnung ein. Ungefähr innerhalb einer Minute findet ein oft sichtbares physisches Zurückweichen statt oder ist jedenfalls die Bereitschaft zu einem solchen Zurückweichen vorhanden. Kurz: Das ganze neuromuskuläre System hütet sich davor, etwas anzunehmen. Sagt dagegen jemand ›ja‹, dann bleibt dieses Zurückweichen aus, und der Organismus befindet sich in einer entgegenkommenden, aufgeschlossenen und zustimmenden Haltung. Je mehr bejahende Antworten wir deshalb am Anfang erwirken, um so eher können wir damit rechnen, daß der andere auch unsere entscheidende Frage bejahen und unseren Vorschlag annehmen wird.

Diese Taktik ist sehr einfach – und wird stark vernachlässigt. Oft hat man sogar den Eindruck, daß die Leute sich wichtig vorkommen, wenn sie die andern gleich von Anfang an zum Widerspruch reizen. Gibt uns jemand, sei es ein Student, ein Kunde, ein Kind oder unser Ehepartner, als erste Antwort ein ›Nein‹, dann braucht es die Weisheit und Geduld von Engeln, um dieses ›Nein‹ in ein ›Ja‹ zu verwandeln.«

Dank dieser »Ja«-Methode konnte der Bankkassier James Eberson einen Kunden gewinnen, der sonst womöglich abgesprungen wäre.

»Dieser Mann wollte bei uns ein Konto eröffnen«, erzählte James Eberson. »Ich bat ihn, den üblichen Fragebogen auszufüllen. Einige Fragen beantwortete er willig, auf andere jedoch verweigerte er die Auskunft.

Bevor ich mich näher mit dem Studium zwischenmenschlicher Beziehungen befaßt hatte, hätte ich diesem Herrn wahrscheinlich erklärt, wenn er unserer Bank die nötigen Angaben verweigere, dann müßten wir uns leider auch weigern, ihm ein Konto zu eröffnen. Ich schäme mich heute, daß ich früher so reagierte. Dabei tat es mir sogar noch wohl, einen Kunden vor ein solches Ultimatum zu stellen und ihm zu zeigen, wer hier zu befehlen hatte, und daß unsere Bank nicht mit sich spaßen ließ. Aber diese Haltung gibt einem Menschen, der sich an eine Bank wendet, um ihr sein Geld anzuvertrauen, nicht das Gefühl, ein willkommener und geachteter Kunde zu sein.

Also beschloß ich an jenem Morgen, ein bißchen gesunden Menschenverstand zu zeigen und nicht davon zu sprechen, was die Bank verlangte, sondern davon, was der Kunde wollte. Und vor allem war ich entschlossen, ihn von Anfang an zum Ja-Sagen zu bringen. Deshalb verhielt ich mich zuerst einmal nachgiebig und sagte, die Auskunft, die er uns verweigere, sei nicht dringend erforderlich.

›Aber angenommen, Sie haben bei Ihrem Ableben Geld auf Ihrem Konto bei uns stehen, möchten Sie dann nicht, daß wir es an Ihre gesetzlichen Erben überweisen?‹ fragte ich ihn.

›Ja, doch, natürlich‹, antwortete er.

›Glauben Sie nicht, daß es dann vielleicht gut wäre, wenn Sie uns die Adresse Ihrer nächsten Angehörigen angeben würden, damit in einem solchen Fall kein Irrtum passiert und wir Ihre Anordnung unverzüglich ausführen können?‹ fuhr ich fort.

Seine Antwort war wiederum ›ja‹.

Sobald er erkannte, daß wir diese Auskunft nicht unseretwegen, sondern in seinem Interesse verlangten, wurde er nachgiebiger. Ehe er sich verabschiedete, hatte er mir nicht nur sämtliche Auskünfte über seine Person erteilt, sondern auf meine Empfehlung hin ein Treuhandkonto eröffnet, in dem er seine Mutter als Begünstigte einsetzte, und mir bereitwillig auch über sie alle nötigen Angaben gemacht.

Dadurch, daß ich ihn gleich zu Beginn veranlaßt hatte, ›ja‹ zu sagen, vergaß er seine ursprüngliche Weigerung und war bereit, alles zu tun, was ich ihm vorschlug.«

Joseph Allison, Vertreter eines großen Elektrounternehmens, hatte ebenfalls eine Geschichte zu erzählen.

»In meinem Bezirk wohnte ein Mann, den wir schon lange gerne als Kunden gehabt hätten. Mein Vorgänger hatte ihn bereits zehn Jahre lang bearbeitet, ohne je mit ihm ins Geschäft zu kommen, und als ich das Gebiet übernahm, sprach ich während drei weiterer Jahre regelmäßig bei ihm vor, aber gleichfalls ohne Erfolg. Nachdem wir ihn dreizehn Jahre lang vergeblich besucht hatten, konnten wir ihm schließlich einige Motoren verkaufen. Falls er mit ihnen zufrieden war, und davon war ich fest überzeugt, würde er bestimmt einen zweiten Auftrag von mehreren hundert Stück aufgeben.

Daher war ich voller Zuversicht, als ich drei Wochen später wieder bei ihm vorbeiging. Aber meine Zuversicht sollte nicht lange dauern, denn der Chefingenieur empfing mich mit einer höchst unerfreulichen Eröffnung: ›Ich kann Ihre Motoren nicht brauchen.‹

›Weshalb?‹ fragte ich erstaunt.

›Weil sie heißlaufen. Man kann sie nicht mehr anfassen.‹

Ich wußte, daß es keinen Zweck hatte, mich mit ihm auf Erörterungen einzulassen; ich hatte das früher lange genug probiert. Also überlegte ich, wie ich ihn zum Ja-Sagen bringen konnte.

›Wenn die Motoren so heißlaufen, wie Sie sagen, dann bin ich hundertprozentig damit einverstanden, daß Sie keine mehr kaufen. Ihre Motoren sollten nicht heißer werden, als es die Vorschriften des Verbandes der Elektromotorenfabrikanten zulassen. Stimmt's?‹

Er bejahte. Damit hatte ich mein erstes ›Ja‹ bekommen.

›Wenn ich nicht irre, gestattet der Verband höchstens 30 Grad über der Raumtemperatur.‹

›Richtig‹, pflichtete er mir bei. ›Aber Ihre Motoren werden viel heißer.‹

Ich ging nicht darauf ein, sondern fragte lediglich: ›Wie warm ist der Arbeitsraum?‹

›Oh, so um die 35 Grad‹, gab er zurück.

›Schön. Wenn Sie also zu den 35 Grad des Arbeitsraumes noch die 30 Grad dazuzählen, bekommen wir total 65 Grad. Ich nehme an, daß Sie sich verbrennen würden, wenn Sie Ihre Hand in einen Topf Wasser von 65 Grad tauchten?‹

Er mußte abermals ›ja‹ sagen.

›Wäre es nicht eine gute Idee, wenn Sie diese Motoren nicht anfassen würden?‹ schlug ich vor.

›Das wird wohl das beste sein‹, gab er zu. Wir unterhielten uns noch eine Weile. Dann rief er seine Sekretärin und diktierte ihr für mich einen neuen Auftrag in der Höhe von ungefähr fünfunddreißigtausend Dollar.

Es dauerte Jahre und kostete mich Tausende von Dollar, ehe ich begriff, daß es sich nicht lohnt zu streiten und daß es viel einträglicher und interessanter ist, die Dinge einmal aus der Sicht des andern zu betrachten und ihn dazu zu bringen, daß er ›ja‹ sagt.«

Eddie Snow berichtet, wie er ein guter Kunde eines Geschäfts wurde, weil ihn dessen Inhaber dazu gebracht hatte, »ja« zu sagen. Eddie war ein begeisterter Bogenschütze und hatte sich in einem Fachgeschäft für teures Geld eine feine Ausrüstung mit allem Zubehör gekauft. Als einmal sein Bruder auf Besuch kam, wollte er für ihn im selben Geschäft eine Ausrüstung mieten. Doch der Angestellte erklärte ihm, daß sie keine Bogen ausmieteten, worauf Eddie einen anderen Laden anrief.

»Ein freundlicher Herr antwortete, und seine Reaktion auf meine Frage war ganz anders. Er bedauerte, daß sie keine Bogen mehr ausmieten könnten, weil es sie zu teuer komme. Dann fragte er mich, ob ich schon mal eine Ausrüstung gemietet hätte. ›Ja‹, sagte ich, ›vor einigen Jahren.‹ Er meinte, daß ich vermutlich zwischen fünfundzwanzig und dreißig Dollar Miete bezahlen mußte. Ich sagte abermals ›ja‹. Er wollte wissen, ob ich mit meinem Geld im Prinzip lieber sparsam umgehe. Natürlich sagte ich ›ja‹. Hierauf erzählte er mir, daß er in seinem Geschäft einen Bogen samt Zubehör für 34,95 Dollar anbiete. Für einen Mehrpreis von nur 4,95 Dollar könne ich also eine ganze Ausrüstung kaufen, statt eine zu mieten. Das sei auch der Grund, weshalb sie aufgehört hätten, Bogen zu vermieten. Ob ich diese Lösung nicht ebenfalls vernünftiger fände. Mein ›Ja‹ hatte zur Folge, daß ich eine solche Ausrüstung kaufte und bei dieser Gelegenheit gleich noch ein paar andere Dinge erstand. Seither gehe ich regelmäßig in dieses Geschäft.«

Sokrates, die »Geißel Athens«, war einer der größten Philosophen, die unsere Welt je gekannt hat. Er hat erreicht, was im Verlauf der Geschichte nur ganz wenigen gelungen ist: Er gab den Gedanken der Menschen eine andere Richtung.

Heute, mehr als zweitausend Jahre nach seinem Tod, wird er als einer der größten Lehrer verehrt, die jemals unsere wacklige Welt beeinflußt haben.

Wie er das fertigbrachte? Indem er den Leuten sagte, daß sie unrecht hätten? Bewahre, dafür war Sokrates viel zu schlau. Seine ganze Technik bestand darin, niemals eine negative Antwort zu bekommen. Er stellte seine Fragen so, daß seine Gegner zwangsläufig mit ›ja‹ antworten mußten. Auf diese Weise sammelte er ein Ja nach dem andern, bis er einen ganzen Armvoll hatte. Er fragte so lange, bis die andern ganz von selber und fast ohne es zu merken Schlüsse zogen, denen sie sich noch vor wenigen Minuten hartnäckig widersetzt hätten.

Denken wir an den alten Sokrates, wenn wir wieder einmal das Bedürfnis haben, einen Menschen ins Unrecht zu setzen, und stellen wir statt dessen eine freundliche Frage, auf die er mit ›ja‹ antworten wird.

Die Chinesen haben ein Sprichwort, das die ganze Weisheit des Ostens birgt: »Wer sanft auftritt, kommt weit.«

Fünftausend Jahre lang haben die kultivierten Chinesen das Wesen des Menschen studiert und sind zu großer Weisheit gelangt: »Wer sanft auftritt, kommt weit.«

☐ Geben Sie dem andern Gelegenheit, »ja«
   zu sagen.

9. Wie man die Mitarbeit der anderen gewinnt

Haben Sie selber nicht auch mehr Vertrauen in Ihre eigenen Ideen als in solche, die man Ihnen auf einem silbernen Tablett serviert? Glauben Sie also nicht auch, daß es höchst ungeschickt ist, wenn Sie andern Leuten Ihre Ansichten um jeden Preis aufdrängen wollen? Wäre es nicht vielleicht klüger, lediglich Vorschläge zu machen – damit der andere aus eigener Überlegung zu dem von Ihnen gewünschten Schluß kommen kann?

Adolph Seltz aus Philadelphia, Verkaufschef einer Automobilfirma und Schüler in einem meiner Kurse, sah sich plötzlich vor die Notwendigkeit gestellt, einer Gruppe entmutigter und schlecht organisierter Automobilvertreter neue Begeisterung für ihre Arbeit einzuflößen. Er berief eine Vertreterkonferenz ein und forderte seine Leute auf, ihm zu sagen, was sie von ihm erwarteten. Während sie sprachen, notierte er ihre Wünsche auf eine Wandtafel. Dann sagte er: »Gut, Sie sollen bekommen, was Sie von mir haben wollen. Nun möchte ich aber auch noch wissen, was ich dafür von Ihnen erwarten kann.« Sie antworteten ihm ohne Zögern: Loyalität, Ehrlichkeit, Initiative, Optimismus, Zusammenarbeit und täglich acht Stunden unermüdlichen Einsatzes. Einer erklärte sich sogar bereit, vierzehn Stunden am Tag zu arbeiten. Nach dieser Konferenz machten sich die Vertreter mit neuem Mut und frischer Begeisterung an ihre Aufgabe, und Adolph Seltz berichtete mir später, daß der Umsatz von dem Augenblick an überraschend gestiegen sei.

»Die Vertreter hatten mit mir gewissermaßen einen moralischen Pakt geschlossen und waren bereit, ihn einzuhalten, solange auch ich mich daran hielt. Daß ich sie nach ihren Wünschen und Forderungen fragte, war genau der Ansporn, den sie brauchten.«

Niemand hat gern das Gefühl, daß ihm etwas angedreht worden ist oder daß ihm jemand gesagt hat, was er tun muß. Wir möchten viel lieber glauben, daß wir etwas aus eigenem Antrieb gekauft und nach unseren eigenen Ideen gehandelt haben. Wir möchten nach unseren Wünschen, unseren Bedürfnissen und unserer Meinung gefragt werden.

Nehmen wir den Fall von Eugen Wesson. Er mußte zuerst Tausende von Dollar an Provision einbüßen, ehe er diese Tatsache kapierte. Eugen Wesson verkaufte Skizzen für ein Studio, das Entwürfe für Konfektionäre und Textilfabrikanten herstellte. Er hatte drei Jahre lang wöchentlich bei einem der führenden Konfektionäre von New York vorgesprochen. »Er hat mich jedesmal empfangen«, erzählte Eugen Wesson, »aber nie etwas gekauft. Er sah meine Skizzenblätter immer sorgfältig durch und erklärte am Schluß regelmäßig: ›Tut mir leid, Mr. Wesson, aber ich glaube, heute haben Sie nichts für mich.‹«

Nach der hundertfünfzigsten Absage dämmerte es Wesson langsam, daß er sich offenbar auf einem ausgetretenen Pfad bewegte, und er beschloß, einen Abend pro Woche dem Studium menschlicher Beziehungen zu widmen, um neue Ideen zu entwickeln und frischen Mut zu schöpfen.

Nach einiger Zeit holte er abermals zu einem Versuch aus, packte ein halbes Dutzend unfertiger Skizzen zusammen, an denen die Entwerfer noch arbeiteten, und eilte damit zu seinem schwierigen Kunden. »Ich möchte Sie um einen Gefallen bitten«, fing er an. »Hier sind angefangene Entwürfe. Könnten Sie mir nicht ein paar Hinweise geben, wie wir sie am besten fertig ausarbeiten, damit sie Ihren Wünschen entsprechen?«

Der Mann sah sich die Skizzen eine Weile wortlos an und sagte dann: »Lassen Sie mir die Blätter ein paar Tage hier, und kommen Sie dann wieder vorbei.«

Nach drei Tagen bekam Wesson die gewünschten Vorschläge, trug die Skizzen ins Atelier zurück und ließ sie nach den Ideen seines Kunden fertigzeichnen, mit dem Ergebnis, daß der Mann sie ausnahmslos alle kaufte.

Später hat dieser Fabrikant von Wesson eine ganze Serie weiterer Entwürfe bestellt, die alle nach den Wünschen des Käufers ausgeführt wurden. »Heute ist mir klar, warum ich diesem Mann jahrelang nie etwas verkaufen konnte«, meinte Eugen Wesson. »Ich wollte ihm etwas aufdrängen, von dem ich überzeugt war, daß er es brauchen konnte. Doch dann machte ich es genau umgekehrt. Ich drängte darauf, daß er uns seine Wünsche unterbreitete. Das gab ihm das Gefühl, er kreiere die Entwürfe selbst. Das stimmte zum Teil auch. Von da an brauchte ich ihm nichts mehr zu verkaufen. Jetzt kaufte er.«

Dem andern Menschen das Gefühl zu geben, eine bestimmte Idee stamme von ihm, bewährt sich nicht nur im Geschäft und in der Politik, sondern auch in der Familie. Paul Davis aus Oklahoma erzählte, wie er mit diesem Grundsatz Erfolg hatte.

»Ich unternahm mit meiner Familie eine der schönsten Ferienreisen, die wir je gemacht haben. Ich hatte schon lange davon geträumt, eine Reihe historischer Stätten im Osten der Vereinigten Staaten zu besuchen, so etwa das Schlachtfeld von Gettysburg oder die Landeshauptstadt

Washington. Meine Frau Nancy hingegen träumte seit Jahren von einer Reise in den Westen. Aber wir konnten unmöglich beide Reisen machen.

Unsere Tochter Anne behandelte in der Schule gerade amerikanische Geschichte und interessierte sich sehr für alle Ereignisse. Ich fragte sie, ob sie nicht Lust hätte, diese Orte, von denen sie in der Schule gesprochen hatten, kennenzulernen. Sie war begeistert.

Als wir zwei Tage später beim Abendessen saßen, schlug Nancy vor, wir sollten in diesem Sommer die Oststaaten bereisen. Das wäre für Anne, aber auch für uns andern, ein großartiges Erlebnis. Wir waren alle damit einverstanden.«

Auf die gleiche Art und Weise ist es auch einem Hersteller von Röntgenapparaten gelungen, mit einem großen Krankenhaus ins Geschäft zu kommen. Das betreffende Krankenhaus sollte erweitert und mit der modernsten Röntgeneinrichtung ausgerüstet werden. Dr. L., der Leiter der Röntgenabteilung, wurde von Vertretern buchstäblich überrannt, und jeder pries die Anlage seiner Firma in den höchsten Tönen.

Einer von ihnen war indessen geschickter als seine Konkurrenten. Er wußte besser als alle andern, wie man die Menschen behandeln muß, und schrieb ungefähr den folgenden Brief:

»Unsere Firma hat kürzlich eine ganz neuartige Röntgeneinrichtung entwickelt. Die ersten Apparate sind soeben fertiggestellt worden. Sie sind aber noch nicht einwandfrei, und wir möchten daran verschiedene Verbesserungen vornehmen. Wir wären Ihnen deshalb zu großem Dank verpflichtet, wenn es Ihnen Ihre Zeit erlauben würde, sich diesen Apparat einmal anzusehen, und wenn Sie uns dann sagen könnten, was wir tun müssen, damit er noch leistungsfähiger wird und den an ihn gestellten Anforderungen in jeder Beziehung entspricht.

Ich bin mir bewußt, daß Sie sehr stark in Anspruch genommen sind, und es würde mich freuen, wenn ich Ihnen deshalb zu einer von Ihnen bestimmten Zeit meinen Wagen schicken dürfte.«

»Ich war überrascht, einen solchen Brief zu bekommen«, gestand Dr. L. »Gleichzeitig fühlte ich mich auch geschmeichelt. Nie zuvor hatte eine Firma, die Röntgenapparate herstellt, um meinen Rat ersucht. Ich kam mir ganz bedeutend vor. Da ich in jener Woche jeden Abend besetzt war, sagte ich ein Nachtessen ab, um mir diesen neuen Apparat anzusehen, und je gründlicher ich ihn untersuchte, desto besser gefiel er mir.

Niemand hatte davon gesprochen, ihn mir zu verkaufen, und ich hatte den Eindruck, daß es allein meine Idee war, ihn für die neue Röntgenabteilung unseres Krankenhauses zu erwerben. Ich hatte mich selbst von den außerordentlichen Vorzügen dieser Einrichtung überzeugt und gab sie in Auftrag.«

Als Woodrow Wilson Präsident der Vereinigten Staaten war, übte Oberst Edward M. House einen ungeheuren Einfluß auf die nationalen und internationalen Beziehungen aus.

Wilson schenkte den Ratschlägen und Empfehlungen von Oberst House größere Beachtung als denjenigen seiner eigenen Kabinettsmitglieder.

Nach welchem System ging Oberst House vor, um den Präsidenten zu beeinflussen? Zufällig weiß man Näheres darüber, denn House hat Arthur D. Howden Smith seine Methode verraten, und Smith hat House in einem Artikel in der *Saturday Evening Post* zitiert:

»»Nachdem ich mit dem Präsidenten näher bekannt geworden war‹, sagte House, ›merkte ich, daß man ihn am besten von einer Idee überzeugen konnte, wenn man sie nur ganz beiläufig erwähnte, aber doch so, daß sie seine Aufmerksamkeit erregte und sich in seinem Kopf festsetzte und er von sich aus darüber nachzudenken begann. Ich machte diese Feststellung eigentlich rein zufällig. Ich hatte ihn einmal im Weißen Haus besucht und ihm einen Vorschlag unterbreitet, den er anscheinend mißbilligte. Höchst erstaunt hörte ich dann, wie er wenige Tage später während eines Nachtessens mit meiner Idee herausrückte, als stamme sie von ihm.‹«

House hätte den Präsidenten unterbrechen und sagen können: »Bitte sehr, das ist nicht Ihre Idee, sondern meine!« Aber für so etwas war der Oberst viel zu klug. Mochte als Urheber gelten, wer wollte, Hauptsache war, sein Vorschlag kam durch. Also ließ er Wilson ruhig im Glauben, es sei seine eigene Idee gewesen. Er ging sogar so weit, daß er ihn öffentlich dafür lobte.

Denken Sie daran, daß jeder, mit dem Sie morgen zu tun haben, genauso menschlich ist wie Woodrow Wilson und daß deshalb die Methode von Oberst House bei ihm genauso erfolgreich sein dürfte.

Ein Mann aus der kanadischen Provinz Neu-Braunschweig wandte die gleiche Taktik auf mich an – und gewann mich dadurch als Kunden. Ich hatte die Absicht, in Neu-Braunschweig zu fischen und ein paar Kanufahrten zu machen, und bat daher das dortige Fremdenverkehrsbüro um einige Auskünfte. Mein Name und meine Anschrift wurden anscheinend in eine Adreßliste eingetragen, denn ich wurde augenblicklich von Lagerleitern und Reiseführern mit Bergen von Briefen, Prospekten und Empfehlungsschreiben überschwemmt. Ich war völlig verwirrt und wußte nicht, wofür ich mich entscheiden sollte. Ein Lagerleiter jedoch war auf eine besonders raffinierte Idee verfallen. Er schickte mir eine Liste mit Namen und Telefonnummern von verschiedenen Leuten aus New York, die in seinem Camp gewohnt hatten, und forderte mich auf, sie anzurufen und mich bei ihnen zu erkundigen, was er zu bieten hätte.

Zu meiner Überraschung stellte ich fest, daß ich jemanden auf dieser Liste sogar persönlich kannte. Ich fragte ihn nach seinen Erfahrungen, und hierauf rief ich den Lagerleiter an und teilte ihm mit, an welchem Tag ich eintreffen würde.

Alle andern wollten mich von ihren Dienstleistungen überzeugen – dieser eine jedoch gab mir die Möglichkeit, mich selber zu überzeugen, und er gewann.

Vor fünfundzwanzig Jahrhunderten sagte der chinesische Weise Laotse einige Dinge, die den Lesern dieses Buches nützlich sein könnten:

»Daß Ströme und Meere Könige aller Bäche sind, kommt daher, daß sie sich gut unten halten können. Darum sind sie die Könige aller Bäche.

Also auch der Berufene: Wenn er über seinen Leuten stehen will, so stellt er sich in seinem Reden unter sie. Wenn er seinen Leuten voran sein will, so stellt er sich in seiner Person hintan.

Also auch: Er weilt in der Höhe, und die Leute werden durch ihn nicht belastet. Er weilt am ersten Platze, und die Leute werden von ihm nicht verletzt.«

☐ Lassen Sie den andern glauben, die Idee
   stamme von ihm.

10. Der Appell an das »bessere Ich«

Ich bin am Rande des Jesse-James-Landes in Missouri aufgewachsen und kenne die James-Farm in Kearny, Missouri, wo der Sohn von Jesse James damals wohnte.

Seine Frau hat mir erzählt, wie Jesse Eisenbahnzüge plünderte und Banken ausraubte und das Geld Bauern in der Nachbarschaft gab, damit sie ihre Hypotheken bezahlen konnten.

Jesse James hielt sich selber vermutlich für einen Idealisten, wie es zwei Generationen später Dutch Schultz, Crowley, Al Capone und noch ein paar Verbrecher-›Paten‹ taten. Tatsache ist, daß alle Menschen, denen Sie begegnen, eine sehr hohe Meinung von sich selber haben und sich gerne für großmütig und selbstlos halten.

J. Pierpont Morgan erwähnte in einer seiner analytischen Betrachtungen, daß der Mensch meistens aus zwei Gründen etwas tut: aus einem wirklichen und aus einem idealisierten Grund.

Ausschlaggebend ist der wirkliche Grund, das ist ganz klar. Da wir aber im Herzen alle Idealisten sind, schieben wir lieber edle Motive vor. Deshalb muß man an die edleren Motive im Menschen appellieren, wenn man ihn beeinflussen will.

Befürchten Sie, das sei zu idealistisch, um im Geschäftsleben damit Erfolg zu haben? Nehmen wir einmal den Fall von Hamilton Farrell. Mr. Farrell hatte einen unzufriedenen Mieter, der ihm mit Kündigung drohte. Der Mietvertrag lief aber erst in vier Monaten ab. Trotzdem teilte der Mieter mit, er werde unverzüglich ausziehen, Mietvertrag hin oder her.

»Früher hätte ich mir einen solchen Mieter vorgeknöpft und ihm gesagt, er möchte gefälligst seinen Vertrag genauer lesen. Ich hätte darauf hingewiesen, daß am Auszugstag die ganze restliche Miete fällig würde und ich darauf bestehen könne und dies auch tun würde.

Doch statt über ihn herzufallen und eine große Szene zu machen, entschloß ich mich zu einer andern Taktik. ›Mr. Doe‹, begann ich, ›ich habe mir Ihre Geschichte angehört, aber ich glaube nicht, daß Sie ausziehen werden. In meinem jahrelangen Umgang mit Mietern hatte ich Gelegenheit, mir einige Menschenkenntnis anzueignen, und ich habe Sie für einen Mann gehalten, der zu seinem Wort steht. Ich bin davon auch heute noch überzeugt und bereit, alles auf diese Karte zu setzen.

Ich mache Ihnen folgenden Vorschlag. Lassen wir Ihre Kündigung ein paar Tage offen, und denken Sie noch einmal darüber nach. Wenn Sie mir bis zum Ersten des nächsten Monats sagen, daß Sie immer noch entschlossen sind auszuziehen, werde ich Ihre Entscheidung als endgültig annehmen, darauf gebe ich Ihnen mein Wort. Dann lasse ich Sie ziehen und gebe zu, daß ich mich in meinem Urteil über Sie geirrt habe. Ich glaube aber weiterhin, daß Sie ein Mann von Wort sind und den Vertrag einhalten werden!‹

Am Monatsende kam der betreffende Herr höchstpersönlich, um die Miete für den nächsten Monat zu bezahlen. Seine Frau und er hätten es sich überlegt – und beschlossen zu bleiben. Sie hätten gefunden, es sei nicht mehr als anständig, den Vertrag einzuhalten.«

Als der verstorbene Lord Northcliffe in einer Zeitung

ein Bild von sich sah, das er nicht veröffentlicht haben wollte, schrieb er dem Herausgeber einen Brief. Aber er schrieb nicht etwa: »Bitte, publizieren Sie dieses Bild nicht mehr, *ich* mag es nicht!« Er appellierte an edlere Motive, an die Liebe und Verehrung, die wir alle unseren Müttern entgegenbringen, und schrieb: »Bitte, publizieren Sie dieses Bild nicht mehr, *meine Mutter* mag es nicht!«

Als John D. Rockefeller junior die Zeitungsreporter davon abhalten wollte, seine Kinder zu fotografieren, sprach er ebenfalls ihre edlere Gesinnung an. Er sagte nicht: »*Ich* will nicht, daß sie in die Zeitung kommen«, sondern er appellierte an den in uns allen steckenden Wunsch, Kinder vor Schaden zu bewahren, und sagte: »Sie wissen ja, wie das so ist. Einige von Ihnen haben selber auch Kinder. Es ist einfach nicht gut für sie, wenn man zuviel Aufhebens von ihnen macht.«

Als Cyrus II. K. Curtis, der arme Junge aus Maine, der später als Besitzer der *Saturday Evening Post* Millionen verdiente, seine meteorhafte Karriere begann, konnte er sich die Honorare nicht leisten, die andere Zeitschriften bezahlten. Es war ihm unmöglich, erstklassige Autoren für Geld zu engagieren. Folglich appellierte er an ihre edleren Motive. Er bewog sogar Louisa May Alcott dazu, für ihn zu schreiben, als sie auf dem Gipfel ihres Ruhmes stand, indem er sich anerbot, einen Scheck über hundert Dollar nicht an sie, sondern an eine von ihr zu bestimmende Wohltätigkeitsorganisation zu senden.

Ich höre den Skeptiker sagen: »So etwas mag schön und recht sein für einen Northcliffe und einen Rockefeller oder eine romantische Schriftstellerin. Aber ich möchte mal sehen, was man mit einem solchen Zauber bei jenen zähen Burschen ausrichtet, bei denen ich meine Rechnungen eintreiben muß!«

Vielleicht haben Sie recht. Es gibt kein allgemeingültiges Rezept, mit dem man in jedem Fall und bei allen Leuten Erfolg hat. Weshalb auch sollten Sie eine andere Methode einführen, wenn Sie mit Ihren bisherigen Resultaten zufrieden sind? Wenn Sie jedoch nicht damit zufrieden sind, weshalb sollten Sie es dann nicht wenigstens einmal versuchen?

Auf jeden Fall wird Sie die folgende wahre Begebenheit amüsieren, die mir von James Thomas, einem meiner früheren Schüler, berichtet wurde.

Sechs Kunden der gleichen Autowerkstatt weigerten sich, die Rechnung für die Wartung ihres Wagens zu bezahlen. Keiner bestritt zwar die Rechnung an sich, aber jeder stellte einzelne Posten in Abrede. In allen sechs Fällen hatten die Kunden den Auftrag schriftlich bestätigt, und die Werkstatt wußte, daß die Rechnungen in Ordnung waren, und *sagte* es auch. Das war der erste Fehler.

Die Firma unternahm folgende Schritte, um die überfälligen Beträge endlich einzutreiben (aber glauben Sie bloß nicht, daß sie damit zu Geld kam):

1. Sie schickte zu jedem Kunden jemand hin, der ihm ohne Umschweife eröffnete, daß er gekommen sei, um die längst fällige Rechnung zu kassieren.
2. Sie machte keinen Hehl daraus, daß sie absolut und hundertprozentig im Recht sei und daß folglich er, der Kunde, absolut und hundertprozentig unrecht habe.
3. Sie ließ den Kunden deutlich fühlen, daß sie, das heißt ihre Angestellten, mehr von Autos verstünden, als er je im Leben davon verstehen werde. Es bestand folglich gar kein Grund zu Differenzen.
4. Das Resultat: Differenzen ohne Ende.

Kein Wunder, daß bei solchen Methoden die Kunden nicht versöhnt und die Rechnungen nicht beglichen wurden.

Der Chefbuchhalter war eben dabei, mit noch gröberem Geschütz aufzufahren und den Rechtsweg zu beschreiten, als glücklicherweise die ganze Angelegenheit dem Direktor zu Ohren kam. Dieser ließ einige Auskünfte über die säumigen Zahler einholen und stellte fest, daß sie alle im Rufe standen, ihren finanziellen Verpflichtungen unverzüglich nachzukommen. Also war irgend etwas verkehrt gelaufen – irgend etwas an der Art und Weise, wie man dieses Geld eintreiben wollte, war faul gewesen. Deshalb ließ der Direktor James Thomas kommen und gab ihm den Auftrag, diese »unkassierbaren« Ausstände zu kassieren.

James Thomas ging nun seinerseits folgendermaßen vor:

1. »Ich habe jeden dieser Kunden besucht«, erzählte er. »Der Zweck war ebenfalls kein anderer, als diese längst überfälligen Rechnungen einzutreiben – Rechnungen, die absolut korrekt waren. Aber ich erwähnte sie mit keinem Wort, sondern sagte, ich sei gekommen, um abzuklären, was unsere Gesellschaft getan oder nicht getan hätte.«

2. »Ich ließ den Kunden wissen, daß ich nicht mit einer vorgefaßten Meinung komme, sondern seinen Standpunkt hören möchte, und daß unsere Gesellschaft nicht den Anspruch auf Unfehlbarkeit erhebe.«

3. »Ich erklärte ihm, daß für mich einzig und allein sein Wagen zähle, daß er davon mehr verstehe als irgend jemand anders und daß deshalb seine Ansicht darüber für mich die einzig maßgebende sei.«

4. »Ich ließ ihn sprechen und schenkte ihm alle Aufmerksamkeit und alles Mitgefühl, das er sich wünschte – und das er erwartet hatte.«

5. »Sobald der Kunde etwas zugänglicher geworden war, stellte ich die ganze Angelegenheit seinem Ehrgefühl

anheim. Ich appellierte an sein besseres Ich. ›Zuerst einmal‹, sagte ich, ›möchte ich Ihnen versichern, daß ich vollkommen mit Ihnen einiggehe, daß in dieser Sache unverzeihliche Fehler begangen wurden. Sie sind von einem unserer Vertreter belästigt und verärgert worden. Das hätte niemals passieren dürfen. Es tut mir leid, und ich möchte mich im Namen unserer Gesellschaft dafür entschuldigen. Nachdem ich mir jetzt Ihre Version des Falles angehört habe, muß ich gestehen, daß mich Ihre korrekte Haltung und Ihre Nachsicht beeindruckt haben. Da Sie so korrekt und nachsichtig sind, möchte ich Sie um einen Gefallen bitten. Es handelt sich um etwas, das Sie besser können und von dem Sie mehr verstehen als jemand anders. Hier ist Ihre Rechnung; ich weiß, daß ich Sie vertrauensvoll bitten darf, diese Rechnung so zu berichtigen, als wären Sie der Direktor unserer Gesellschaft selber. Ich überlasse die Entscheidung Ihnen und werde sie ohne Einschränkung akzeptieren.‹

Ob die Kunden die Rechnung korrigiert haben? O ja, und mit was für einem Genuß. Die Rechnungen betrugen alle zwischen hundertfünfzig und vierhundert Dollar. Aber hat einer von ihnen diese Gelegenheit ungebührlich zu seinem Vorteil ausgenützt? Ja, ein einziger! Dieser weigerte sich konsequent, auch nur einen Penny des umstrittenen Postens zu bezahlen. Die andern fünf jedoch bezahlten den größten Teil der betreffenden Beträge. Die Pointe der ganzen Geschichte aber ist, daß alle sechs Kunden innerhalb der nächsten zwei Jahre bei uns neue Wagen kauften.

Die Erfahrung hat mich gelehrt«, fuhr James Thomas fort, »daß in einem Fall, da man über einen Kunden keine Auskünfte einholen kann, die einzige vernünftige Verhandlungsbasis darin besteht, daß man annimmt, er sei aufrichtig, ehrlich, zuverlässig und bereit, seine Rechnungen unverzüglich zu bezahlen, sobald er sie anerkannt hat. Anders und vielleicht ein bißchen deutlicher ausgedrückt, heißt das: Die Menschen sind ehrlich und kommen ihren Verpflichtungen nach. Ausnahmen von dieser Regel sind verhältnismäßig selten, und ich bin überzeugt, daß Menschen, die betrügerische Absichten haben, in den meisten Fällen positiv reagieren, wenn man ihnen zu spüren gibt, daß man sie für ehrlich, aufrichtig und korrekt hält.«

☐ Appellieren Sie an die edle Gesinnung des andern.

Wie man Menschen ändert, ohne sie zu beleidigen oder zu verstimmen

Wenn wir Menschen ändern wollen, ohne sie zu beleidigen oder zu verstimmen, müssen wir mit einer Haltung von Respekt und Anerkennung für die betreffende Person beginnen. Ihre Reaktion hängt von unserer Haltung ab.

11. Man kann auch kritisieren, ohne sich unbeliebt zu machen

Als Charles Schwab eines Nachmittags durch eines seiner Walzwerke ging, stellte er fest, daß einige Arbeiter rauchten. Dabei hing unmittelbar über ihren Köpfen ein Schild mit der Aufschrift »Rauchen verboten«. Schwab hätte also nur auf diese Tafel zu deuten und zu fragen brauchen, ob sie eigentlich nicht lesen könnten. Was aber tat er statt dessen? Er ging zu den Männern hin, gab jedem eine Zigarre und sagte: »Es wäre mir aber lieber, wenn Sie sie außerhalb des Werkes rauchen würden.« Sie wußten genau, es war ihm nicht entgangen, daß sie eine Regel übertreten hatten – und sie rechneten es ihm hoch an, daß er nicht davon gesprochen, sondern ihnen sogar ein kleines Geschenk gemacht und sie in ihrem Selbstbewußtsein bestärkt hatte. Wer würde einen solchen Menschen nicht sympathisch finden?

John Wanamaker wandte genau dieselbe Taktik an. Bei seinem täglichen Rundgang durch sein großes Warenhaus in Philadelphia sah er eines Tages, wie eine Kundin wartend vor einem Ladentisch stand. Niemand kümmerte sich um sie. Die Verkäufer standen in einer Gruppe am entfernten Ende des Tisches beisammen, schwatzten und lachten.

Wanamaker sagte kein Wort, sondern stellte sich hinter den Ladentisch und bediente die Kundin selbst. Dann übergab er die Ware den Verkäufern zum Einpacken und ging weiter.

Politikern und Beamten im öffentlichen Dienst wird sehr oft vorgeworfen, daß sie für ihre Wähler unerreichbar seien. Sie sind sehr beschäftigt, und der Fehler liegt nicht selten bei übereifrigen Mitarbeitern, die ihre Chefs gegen zu viele Besucher abschirmen. Carl Langford, lange Zeit Bürgermeister von Orlando in Florida, ermahnte seine Untergebenen immer wieder, Besucher zu ihm vorzulassen. Er rühmte sich seiner Politik der »offenen Tür«, aber leider wurden die Bürger, die vorsprechen sollten, von Sekretärinnen und Verwaltungsbeamten abgefangen.

Bis der Bürgermeister schließlich zur Selbsthilfe schritt und seine Bürotür aushängte! Seine Mitarbeiter begriffen, und von diesem Tag der Türaushängung an hatte Carl Langford endlich seine ersehnte aufgeschlossene Verwaltung.

Indem wir ein kurzes Wort von vier Buchstaben durch ein anderes, noch kürzeres ersetzen, können wir einen Menschen ändern, ohne ihn zu ärgern oder zu beleidigen.

Viele Leute beginnen ihre Kritik mit aufrichtigem Lob, dann jedoch erfolgt ein »aber«, und jetzt hagelt es Schelte. Wollen wir beispielsweise von einem Kind bessere Schulzeugnisse haben, dann sagen wir: »Johnny, wir sind stolz auf dich, deine Noten sind besser geworden, *aber* wenn du dich in Algebra mehr angestrengt hättest, wäre das Ergebnis noch erfreulicher.«

Johnny fühlt sich ermutigt – bis er das Wörtchen »aber« hört. Dann zweifelt er womöglich sogar an der Aufrichtigkeit des gespendeten Lobes. Es ist für ihn kein Lob mehr, sondern die getarnte Einleitung zu einer Kritik an seinem Mißerfolg. Damit ist unsere Glaubwürdigkeit in Frage gestellt, und es dürfte uns kaum gelungen sein, Johnnys Leistungen in Algebra zu verbessern.

Das ließe sich sehr leicht vermeiden, wenn wir das

Wörtchen »aber« durch »und« ersetzten. »Wir sind richtig stolz auf dich, Johnny, deine Noten sind besser geworden, und wenn du dich im nächsten Quartal weiter so anstrengst, wirst du auch in Algebra eine solche Note heimbringen.«

Jetzt kann sich Johnny über das Lob freuen, denn es wurde keine Bemerkung über seinen Mißerfolg angehängt. Wir haben ihn indirekt darauf aufmerksam gemacht, was wir gerne anders hätten, und es ist möglich, daß er sich bemühen wird, unsere Erwartungen zu erfüllen.

Jemanden indirekt auf seine Fehler aufmerksam zu machen, kann bei empfindlichen Menschen Wunder wirken, während offene Kritik sie unter Umständen bitter kränkt. Marga Jacob erzählte vor der Klasse, wie sie während eines Umbaus an ihrem Haus einigen schlampigen Bauarbeitern beigebracht hatte, nach der Arbeit die Baustelle aufzuräumen.

In den ersten Tagen stellte Marga Jacob jedesmal, wenn sie nach Hause kam, fest, daß Hof und Rasen voll Baudreck und Abfälle waren. Da sie sich mit den Arbeitern nicht herumstreiten wollte, denn sie machten ihre Arbeit sonst ausgezeichnet, las sie nach Feierabend zusammen mit ihren Kindern alle Überreste und Abfälle auf und schichtete sie in eine Ecke. Am andern Morgen nahm sie den Vorarbeiter beiseite und sagte: »Es gefällt mir, wie sauber gestern der Hof und der Rasen zurückgelassen wurden; ordentlich aufgeräumt, damit sich die Nachbarn nicht ärgern müssen.« Von diesem Tag an sammelten die Arbeiter selbst alle Abfälle ein und schichteten sie zu einem Haufen, und der Vorarbeiter kam jeden Tag, um sich zu vergewissern, daß sie nach der Arbeit den Rasen gesäubert hatten.

Ein ständiger Zankapfel zwischen Reservisten und ihren Instrukteuren war der Haarschnitt. Die Reservisten betrachteten sich als Zivilisten – was sie die meiste Zeit auch waren – und wehrten sich gegen einen kurzen Haarschnitt.

Stabsfeldwebel Harry Kaiser stand diesem Problem ebenfalls gegenüber, als er eine Gruppe Unteroffiziere der Reserve auszubilden hatte. Als alter Berufsmilitär hätte er vor die Truppe treten, sie anbrüllen und mit Strafen drohen können. Statt dessen zog er es vor, ihr seinen Standpunkt indirekt klarzumachen.

»Unteroffiziere«, begann er, »Sie haben Führungsaufgaben zu übernehmen. Am meisten Erfolg werden Sie haben, wenn Sie mit gutem Beispiel vorangehen. Sie wissen, was die Armee in Sachen Haarschnitt vorschreibt. Ich lasse heute meine Haare schneiden, obschon sie immer noch kürzer sind als bei einigen von Ihnen. Schauen Sie einmal in den Spiegel. Wenn Sie finden, Ihr Haar sei zu lang, um als Beispiel zu gelten, erlauben wir Ihnen, während der Dienstzeit zum Friseur zu gehen.«

Das Resultat war vorauszusehen. Verschiedene Herrschaften warfen tatsächlich einen Blick in den Spiegel, gingen noch am gleichen Nachmittag zum Friseur und erhielten einen militärischen Haarschnitt verpaßt.

Stabsfeldwebel Kaiser bemerkte am andern Morgen, er könne sehen, daß sich bereits bei einigen Leuten Führungsqualitäten abzeichneten.

Am 8. März 1887 starb der wortgewaltige protestantische Theologe Henry Ward Beecher. Lyman Abbott wurde gebeten, am darauffolgenden Sonntag von der Kanzel zu sprechen, die durch Beechers Hinscheiden verwaist war. Im eifrigen Bemühen, sein Bestes zu leisten, setzte Abbott seine Predigt immer wieder von neuem auf und korrigierte und feilte daran mit der peinlichen Sorgfalt eines Flaubert herum. Schließlich las er sie seiner Frau vor. Sie war dürftig wie die meisten schriftlich formulierten Reden. Eine weniger verständnisvolle Frau hätte erklärt: »Lyman, deine Predigt ist erbärmlich. Die kannst du unmöglich halten, darüber schlafen die Leute ja ein. Das hört sich an, als ob du aus dem Lexikon vorlesen würdest. Nach so vielen Predigten, wie du schon gehalten hast, müßtest du es wahrhaftig besser wissen. Warum um Gottes willen sprichst du nicht wie ein menschliches Wesen? Weshalb bleibst du nicht natürlich? Du wirst dich fürchterlich blamieren, wenn du dieses Zeug abliest.«

Das hätte sie ohne weiteres sagen können. Aber Sie können sich leicht vorstellen, was dann geschehen wäre. Mrs. Abbott wußte es ebenfalls. Deshalb bemerkte sie nur, daß dieser Text einen ausgezeichneten Artikel für die *North American Review* abgeben würde. Mit diesen Worten lobte sie ihn zwar, ließ aber gleichzeitig durchblicken, daß sie unter einer Predigt eigentlich etwas anderes verstehe. Lyman Abbott sah das ein, zerriß sein sorgfältig vorbereitetes Manuskript und hielt die Predigt frei, ohne sich überhaupt nur Notizen zu machen.

☐ Machen Sie den andern nur indirekt auf
seine Fehler aufmerksam.

12. Sprechen Sie zuerst von Ihren eigenen Fehlern

Meine Nichte Josephine Carnegie kam nach New York, um bei mir als Sekretärin zu arbeiten. Sie war damals neunzehn, hatte drei Jahre zuvor die Schule abgeschlossen, und ihre berufliche Erfahrung war äußerst dürftig. Sie wurde eine der tüchtigsten Sekretärinnen, die man sich vorstellen kann; am Anfang jedoch – nun, da ließ sie einiges zu wünschen übrig. Als ich eines Tages gerade dabei war, an ihrer Arbeit etwas auszusetzen, sagte ich zu mir selber: »Einen Augenblick, Dale Carnegie, nur einen kleinen Augenblick! Du bist zweimal so alt wie Josephine. Du hast zehntausendmal mehr berufliche Erfahrung als das Mädchen. Wie kannst du da erwarten, daß sie deine Ansichten, deine Urteilsfähigkeit und deine Einsatzbereitschaft teilt? Und noch etwas: Erinnerst du dich an die Zeit, als du selber neunzehn warst? An die dummen Fehler und groben Schnitzer, die du dir damals geleistet hast?«

Nachdem ich darüber nachgedacht hatte, ehrlich und unvoreingenommen, kam ich zum Schluß, daß Josephines Leistungen im Durchschnitt besser waren als meine eigenen damals – was, so leid es mir tut, durchaus kein Kompliment für Josephine war.

Von da an begann ich stets mit der folgenden Einleitung, wenn Josephine wieder einmal etwas falsch gemacht hatte: »Du hast einen Fehler gemacht, Josephine, aber er ist weiß Gott nicht schlimmer als mancher, den ich selber verbrochen habe. Es ist noch kein Meister vom Himmel gefallen. Man lernt nur aus Erfahrung, und du bist jedenfalls tüchtiger, als ich es in deinem Alter war. Ich ließ mir damals manche Dummheit und manche Ungeschicklichkeit zuschulden kommen und bin kaum befugt, dich oder sonst jemanden zu kritisieren. Aber glaubst du nicht, es wäre klüger gewesen, wenn du es so oder so gemacht hättest?«

Es ist nicht halb so schlimm, einen Tadel entgegenzunehmen, wenn der Kritiker zuerst einmal bescheiden zugibt, daß auch er weit davon entfernt ist, unfehlbar zu sein.

Der Ingenieur E. Dillistone hatte Schwierigkeiten mit seiner neuen Sekretärin. Briefe, die er ihr diktierte, kamen mit zwei bis drei Rechtschreibfehlern zur Unterschrift zurück. Wie gelang es E. Dillistone, dieses Problem zu lösen?

»Wie viele Ingenieure, bin ich für meinen Stil oder für meine Rechtschreibung nie sehr berühmt gewesen. Im Laufe der Jahre hatte ich mir deshalb ein kleines Wörterbuch angelegt, in das ich fortlaufend Wörter eintrug, deren Orthographie mir nicht geläufig war. Nachdem alle Hinweise auf ihre Fehler meine Sekretärin nicht dazu bringen konnten, die Briefe sorgfältiger durchzulesen oder das Wörterbuch zu konsultieren, suchte ich nach einem andern Weg. Als wieder ein Brief mit Fehlern in der Mappe lag, sagte ich zu ihr: ›Irgendwie scheint mir dieses Wort nicht ganz richtig. Es ist eines von denen, die auch mir immer Kopfzerbrechen machen. Ich habe deshalb vor Jahren damit begonnen, mir dieses Wörterbuch anzulegen. (Ich schlug die entsprechende Seite auf.) Da steht es auch schon. Ich achte nämlich heute genau auf meine Rechtschreibung, denn die Leute beurteilen einen weitgehend nach den Briefen, die man ihnen schickt, und schließen aus Fehlern auch auf berufliche Unfähigkeit.‹

Ich weiß nicht, ob sie mein System übernommen hat, aber sie macht seit diesem Gespräch weniger Fehler.«

Seine eigenen Fehler zuzugeben – selbst wenn man sie noch nicht verbessert oder abgelegt hat – kann mithelfen, einen andern Menschen zu ändern. Ein Beispiel dafür erlebte Curt Zerhusen, als er entdeckte, daß sein fünfzehn-jähriger Sohn mit Zigaretten experimentierte.

»Ich wollte natürlich nicht, daß David zu rauchen an-fing«, erzählte Curt Zerhusen, »aber seine Mutter und ich rauchten ebenfalls und gaben ihm dauernd ein schlechtes Beispiel. Ich erklärte nun David, daß ich in seinem Alter ebenfalls zu rauchen angefangen hätte, wie ich mich im-mer mehr vom Nikotin hätte beherrschen lassen und nun fast gar nicht mehr aufhören könne. Ich erinnerte ihn auch an meinen unangenehmen Husten und wie er selbst mich vor Jahren gebeten hatte, das Rauchen aufzugeben.

Ich ermahnte ihn nicht, damit aufzuhören, machte ihm keine Vorwürfe, drohte auch nicht oder warnte ihn vor den Gefahren. Ich erzählte ihm nur, wie ich selbst von Zi-garetten abhängig wurde und was für Folgen das für mich hatte.

Er dachte eine Weile darüber nach und beschloß, nicht eher zu rauchen, als bis er mit der Schule fertig wäre. Seit-her sind Jahre vergangen, und David hat nie wieder ge-raucht.

Nach unserem Gespräch damals habe ich sogar be-schlossen, selbst damit aufzuhören, und mit Hilfe meiner Familie ist es mir tatsächlich geglückt.«

☐ Sprechen Sie zuerst von Ihren eigenen Fehlern, ehe Sie den andern tadeln.

13. Niemand läßt sich gerne befehlen

Ich hatte einmal das Vergnügen, mit Ida Tarbell, einer bekannten amerikanischen Biographin, zu essen. Ich erzählte ihr, daß ich an diesem Buch schreibe, und wir unterhielten uns darüber, wie wichtig es ist, den richtigen
Ton im Umgang mit seinen Mitmenschen zu finden. Im
Verlauf unseres Gesprächs berichtete mir Ida Tarbell, daß
sie im Zusammenhang mit einer Biographie über Owen
D. Young einen Mann interviewte, der drei Jahre lang mit
Young im gleichen Büro gesessen hatte. Er konnte sich
nicht erinnern, daß Owen D. Young während dieser ganzen Zeit jemals einem Menschen einen direkten Befehl
erteilt hätte. Statt zu befehlen, machte er Vorschläge. Nie
hörte man Young sagen: »Tun Sie dieses oder jenes« oder
»Tun Sie dieses oder jenes nicht«. Statt dessen sagte er
etwa: »Vielleicht versuchen Sie es einmal so« oder »Glauben Sie, daß das so geht?« Hatte er einen Brief diktiert,
fragte er oft: »Was halten Sie davon?« Las er einen Brief,
den einer seiner Assistenten geschrieben hatte, meinte er
etwa: »Vielleicht wäre es besser, wenn Sie diesen Satz so
und so formulieren würden.« Er gab den andern immer
Gelegenheit, die Dinge von sich aus zu tun. Nie erteilte er
seinen Assistenten Befehle; er ließ sie machen und aus
ihren eigenen Fehlern lernen.

Eine solche Haltung macht es dem andern Menschen

leicht, einen Fehler zu verbessern. Sein Stolz bleibt dabei unverletzt, und er wird in seinem Selbstgefühl bestärkt. Dadurch wird die Zusammenarbeit gefördert, statt Widerspruch geweckt.

Es kann passieren, daß uns jemand einen scharf erteilten Befehl – selbst wenn er berechtigt war – noch lange hinterher übelnimmt. Dan Santarelli, Lehrer an einer Berufsschule, berichtete, wie einmal ein Schüler die Einfahrt zu einer Schulwerkstatt verstopfte, weil er verbotenerweise seinen Wagen dort abgestellt hatte. Plötzlich kam ein Lehrerkollege in Dans Klassenzimmer gestürmt und wollte in äußerst arrogantem Ton wissen: »Wer von Ihnen verstopft mit seinem Wagen die Einfahrt?« Als sich der fehlbare Schüler meldete, brüllte er ihn an: »Fahren Sie Ihre Karre dort weg, und zwar gleich, sonst lasse ich sie abschleppen.«

Der Schüler war selbstverständlich im Unrecht. Der Wagen gehörte nicht dorthin. Doch von diesem Tag an machten nicht nur er, sondern alle Klassenkameraden jenem Lehrer das Leben so sauer, wie sie nur konnten.

Was er hätte tun sollen? Wenn er freundlich gefragt hätte: »Wem gehört der Wagen, der in der Einfahrt steht?« und dann vorgeschlagen hätte, ihn besser woanders zu parken, damit man unbehindert ein- und ausfahren konnte, dann hätte ihn sein Besitzer, ohne zu murren, weggefahren, und weder er noch seine Klassenkameraden hätten sich geärgert oder gelacht.

Die Form der Frage zu benützen macht einen Befehl leichter verdaulich und regt die gefragte Person sogar oft zu eigenen Einfällen an. Man nimmt einen Befehl lieber entgegen, wenn man ein entscheidendes Wort mitzureden hat, ihn sich sozusagen selbst erteilt.

Ian Macdonald, der eine kleine Firma leitete, welche auf die Herstellung von Präzisionsapparaten spezialisiert war, sah sich vor der Entscheidung, einen bedeutenden

Auftrag ausschlagen zu müssen, weil er überzeugt war, daß seine Leute den gewünschten Liefertermin nicht einhalten konnten. Das Arbeitsprogramm war bereits ziemlich vollgestopft und die Frist für jenen Auftrag sehr knapp.

Doch statt seine Angestellten zu hetzen, um eine zusätzliche Leistung herauszuschinden, ließ er sie alle zusammenkommen und erklärte ihnen die Situation und welche Vorteile es für sie und die Firma hätte, wenn sie den betreffenden Auftrag fristgerecht ausführen könnten. Dann begann er zu fragen:

»Besteht eine Möglichkeit, diesen Auftrag auszuführen?«

»Hat jemand einen Vorschlag, was wir tun könnten, um damit rechtzeitig fertig zu werden?«

»Ließe sich mit anderen Arbeitszeiten oder besserer Arbeitsaufteilung etwas erreichen?«

Die Angestellten machten eine ganze Reihe von Vorschlägen und bestanden darauf, daß er den Auftrag annehme. Sie packten die Aufgabe mit einer positiven »Das-schaffen-wir-schon«-Einstellung an. Der Auftrag wurde angenommen, ausgeführt und termingerecht abgeliefert.

☐ Machen Sie Vorschläge, anstatt Befehle
  zu erteilen.

14. Keiner möchte das Gesicht verlieren

Vor Jahren stand die General Electric vor der heiklen Aufgabe, Charles Steinmetz seines Postens als Abteilungsleiter zu entheben. Steinmetz war auf dem Gebiet der Elektrizität ein Genie ersten Ranges – als Chef der Kalkulation dagegen ein völliger Versager. Dennoch wollte man ihn nicht vor den Kopf stoßen, denn er war unentbehrlich – aber leider auch sehr empfindlich. Also gab ihm die Gesellschaft einen neuen Titel. Sie ernannte ihn zum beratenden Ingenieur – das war weiter nichts als ein neuer Name für eine Tätigkeit, die er ohnehin bereits ausübte – und übertrug die Leitung der Kalkulationsabteilung einem anderen Mann.

Steinmetz war zufrieden, desgleichen die Gesellschaft. Sie hatte ihren temperamentvollen Star mit sanfter Hand und ohne Aufregung von der Bühne geholt, weil sie dafür gesorgt hatte, daß er das Gesicht wahren konnte!

Das Gesicht wahren! Wie wichtig ist das doch! Aber wie viele von uns vergessen es immer wieder! Wir trampeln rücksichtslos auf den Gefühlen der andern herum, wenn wir unsern Kopf durchsetzen, den Finger auf die Fehler der andern legen, Drohungen ausstoßen und wenn wir Kinder und Erwachsene in Gegenwart anderer tadeln, ohne je daran zu denken, wie sehr wir ihren Stolz verletzen! Dabei würden ein bißchen Nachdenken, ein rücksichtsvolles Wort und ein wenig Verständnis für die Lage des andern der ganzen Situation die Schärfe nehmen!

»Angestellte an die Luft zu setzen, ist nicht besonders lustig. Selbst an die Luft gesetzt zu werden, ist es noch weniger.« (Ich zitiere aus einem Brief, den mir ein staatlich geprüfter Bücherexperte geschickt hat.) »Unser Geschäft ist zum großen Teil ein Saisongeschäft, weshalb wir jedes Jahr im März nach den Steuererklärungen einen Teil unserer Angestellten entlassen müssen.

In unserer Branche geht das Sprichwort, daß keiner gern das Beil schwingt. In der Folge hat sich die Gewohnheit eingebürgert, die Sache möglichst schnell hinter sich zu bringen, und zwar ungefähr mit diesen Worten: ›Bitte, nehmen Sie Platz, Mr. Smith. Die Saison ist vorüber, und wir haben leider keine weitere Beschäftigung für Sie. Es war Ihnen ja bekannt, daß wir Sie ohnehin nur für die Dauer des Hochbetriebs eingestellt hatten, und so weiter und so fort.‹

Die Leute waren von diesen Worten enttäuscht und fühlten sich im Stich gelassen. Die meisten sind zeit ihres Lebens Buchhalter gewesen und empfinden wenig Sympathie für eine Firma, die sie so plötzlich auf die Straße setzt.

Ich habe nun kürzlich beschlossen, unsere ›Saisonangestellten‹ mit etwas mehr Takt und Rücksichtnahme zu verabschieden. Bevor ich einen nach dem andern zu mir bestellte, verschaffte ich mir erst einmal einen genauen Überblick über die Arbeit, die jeder einzelne von ihnen im Lauf des Winters geleistet hatte. Dann sagte ich etwa folgendes: ›Mr. Smith, wir sind mit Ihren Leistungen sehr zufrieden gewesen (falls wir das waren). Damals, als wir Sie nach Newark schickten, waren Sie vor eine schwierige Aufgabe gestellt. Erst dachten wir, Sie sitzen in der Klemme, aber Sie kamen mit fliegenden Fahnen durchs

Ziel, und Sie sollen wissen, daß unsere Firma stolz auf Sie ist. Sie sind ein tüchtiger Mann – und Sie werden es weit bringen, wo immer Sie auch arbeiten werden. Unsere Firma schätzt Sie sehr und wird Ihnen stets die beste Referenz ausstellen – vergessen Sie das nicht!‹

Resultat? Die Leute finden sich bedeutend leichter mit ihrer Entlassung ab. Sie fühlen sich nicht ›versetzt‹. Sie wissen, wenn wir genügend Arbeit für sie hätten, würden wir sie behalten. Und wenn wir sie wieder nötig haben, kommen sie gerne zu uns zurück.«

In einem unserer Kurse verglichen zwei Teilnehmer einmal die negativen Folgen des Kritisierens mit den positiven Seiten, wenn man den andern das Gesicht wahren läßt.

Fred Clark erzählte von folgendem Vorfall in seiner Firma: »Während einer Produktionsbesprechung bedrängte der Vizepräsident einen unserer Produktionsleiter mit äußerst perfiden Fragen nach einem bestimmten Herstellungsverfahren. Sein Ton war aggressiv, und er hatte es darauf angelegt, dem Produktionsleiter einen Fehler nachzuweisen. Weil diesem solche Attacken in Gegenwart seiner Kollegen höchst peinlich waren, gab er nur ausweichend Antwort, worauf der Vizepräsident schließlich die Nerven verlor, den Produktionsleiter anbrüllte und ihn einen Lügner schalt.

In diesem kurzen Augenblick wurde jede Chance auf eine weitere Zusammenarbeit zerstört. Der Produktionsleiter, im Grunde genommen ein tüchtiger Mann, war fortan für unsere Firma wertlos. Einige Monate später kündigte er und ging zur Konkurrenz, wo er meines Wissens sehr geschätzt wird.«

Anna Mazzone schilderte ein ähnliches Erlebnis aus ihrem Betrieb – aber wie ganz anders waren hier Verhalten und Resultat! Anna Mazzone arbeitete als Marketingspezialistin für einen Konservenhersteller. Als erste größere Aufgabe sollte sie die Absatzmöglichkeiten für ein neues Produkt abklären. »Als die Testergebnisse eintrafen, dachte ich, mich trifft der Schlag. Ich hatte bei der ganzen Planung einen grundlegenden Fehler gemacht, und die Untersuchung mußte noch einmal durchgeführt werden. Schlimmer noch: Ich hatte vor der Sitzung, in der ich das Ergebnis abliefern mußte, keine Zeit mehr, mit meinem Chef über meinen Lapsus zu sprechen.

Als ich aufgefordert wurde, über das Resultat meiner Untersuchung zu referieren, zitterte ich vor Angst. Aber ich riß mich zusammen, um nicht in Tränen auszubrechen und von den Männern ringsum Anspielungen zu hören, daß Frauen für Managerposten eben doch nicht geeignet und viel zu gefühlvoll wären. Ich faßte mich kurz und erklärte, daß mir ein Fehler unterlaufen sei und ich die Untersuchung vor der nächsten Sitzung wiederholen würde. Dann setzte ich mich und wartete, daß mein Chef explodierte.

Statt dessen dankte er mir für meine Arbeit und bemerkte, es sei nicht das erstemal, daß jemand bei einer neuen Aufgabe einen Fehler mache, und er rechne damit, daß die nächste Untersuchung genau und erschöpfend sei. Er versicherte mir vor allen Kollegen, er habe Vertrauen zu mir und wisse genau, daß ich mein möglichstes getan hätte und dieser Irrtum nur meiner ungenügenden Erfahrung und nicht mangelnden Fähigkeiten zuzuschreiben sei.

Mit erhobenem Kopf verließ ich die Sitzung, entschlossen, einen solchen Chef nie mehr im Stich zu lassen.«

Selbst wenn wir recht haben und sich der andere eindeutig im Irrtum befindet, zerstören wir nur sein Selbstbewußtsein, wenn wir ihn bloßstellen. Der legendäre französische Flugpionier Antoine de Saint-Exupéry schrieb einmal: »Wir haben nicht das Recht, etwas zu sagen oder zu tun, das den andern in seinen eigenen Augen erniedrigt. Wichtig ist nicht, was wir von ihm denken, sondern was er von sich denkt. Einen Menschen in seiner Würde zu verletzen ist ein Verbrechen.«

☐ Geben Sie dem andern die Möglichkeit, das Gesicht zu wahren.

Zusammenfassung der Regeln aus »Wie man Freunde gewinnt«

1. Kritisieren, tadeln und verurteilen Sie andere nicht

2. Spenden Sie großzügig aufrichtige Anerkennung

3. Wecken Sie im andern ein dringendes Bedürfnis

4. Interessieren Sie sich aufrichtig für die andern

5. Tragen Sie stets und ohne Vorbehalt dem Selbstbewußtsein des andern Rechnung

6. Achten Sie des andern Meinung und sagen Sie ihm nie: »Das ist falsch.«

7. Versuchen Sie es stets mit Freundlichkeit

8. Geben Sie dem andern Gelegenheit, »ja« zu sagen

9. Lassen Sie den andern glauben, die Idee stamme von ihm

10. Appellieren Sie an die edle Gesinnung des andern